大先生教你写作文

文章作法

夏丏尊 刘薰宇 著

人民文学出版社

图书在版编目(CIP)数据

文章作法/夏丏尊,刘薰宇著. —北京:人民文
学出版社,2023
（大先生教你写作文）
ISBN 978-7-02-018252-7

Ⅰ.①文… Ⅱ.①夏… ②刘… Ⅲ.①作文课-中学
-教学参考资料 Ⅳ.①G634.343

中国国家版本馆 CIP 数据核字(2023)第 178059 号

责任编辑 李　娜　邱小群　刘佳俊
封面设计 钱　珺

出版发行 人民文学出版社
社　　址 北京市朝内大街 166 号
邮政编码 100705

印　　刷 杭州钱江彩色印务有限公司
经　　销 全国新华书店等

字　　数 85 千字
开　　本 890 毫米×1240 毫米　1/32
印　　张 5.875
版　　次 2023 年 10 月北京第 1 版
印　　次 2023 年 10 月第 1 次印刷

书　　号 978-7-02-018252-7
定　　价 39.00 元

如有印装质量问题,请与本社图书销售中心调换。电话:010 - 65233595

目 录

序

这是我六七年来的讲义稿，前五章是一九一九年在长沙第一师范时编的，第六章小品文是一九二二年在白马湖春晖中学时编的，二者性质不同，现在就勉强凑集在一处。附录三篇，都是在校报上发表过的，也顺便附在后面。

教师原是忙碌者，国文教师尤其是忙碌者中的忙碌者，全书诸稿，记得都是深夜在呵欠中写成的。讲的时候，学生虽表示有兴味，但讲过以后，自己就不愿再去看它，觉得别无可存的价值。只把订成的油印本撂在书架上。

有一天，邻人刘薰宇从尘埃中拿下来看了说是很好，劝我出版，我只是笑而不应。这已是四年前的事了。去年，薰宇因立达学园缺乏国文教师，不教数学，改行教国文了，叫我把稿本给他，说要用这去教学生。我告诉他原稿不完全的所在，请他随教随修改。薰宇教了一年，修改了一年，于说明不充足处，使之详明，引例不妥当处，重新更换，费去的心思实在不少。大家认为可做立达学园比较固定的教本，为欲省油印的烦累，及兼备别校采用计，就以两人合编的名义，归开明书店出版。

　　本书内容取材于日本同性质的书籍者殊不少。附录中的《作文的基本态度》一篇，记得是从五十岚力氏《作文三十讲》中某章"烧直"①过来的，顺便声明在这里。

　　　　　　一九二六，八，七，丏尊记于上海江湾立达学园

---

① 意思是"改写"。

绪　言

"熟读唐诗三百首，不会作诗也会吟。"这句话虽然只指示学习"作诗"的初步方法，但中国人学习作文，也是同一的态度。原来中国文人是认定"文无定法"，只有"神而明之"，所以古代虽然有几部论到作文法的书如刘勰的《文心雕龙》和唐彪的《读书作文谱》之类，以及其他的零碎论文，不是依然脱不了"神而明之"的根本思想，陈义过高，流于玄妙，就是不合时宜。近来在这方面虽已渐渐有人注意，新出版的书也有了好几种，只是适合于中等学校做教科用的仍不易得；而为应教学上的需要，实在又不能久待；所以参考他国现行关于这一类的书籍，编成这本书以救急。

文章本是为了传达自己的意思或情感而作的，所以只是一种工具。单有意思或情感，没有用文字发表出来，就只能保藏在自己的心里，别人无从得知。单有文字而无意思或情感，不过是文字的排列，也不能使读的人得到点什么。意思或情感是文章的内容，文字的结构是文章的形式。内容是否充实，这关系作者的经验、智力、修养。至于形式的美丑，那便是一种技术。严格地说，这两方面虽是同样地没有成法可依赖，但后者毕竟有些基本方法可以遵照，作文法就是讲明这些方法的。

到巧妙的地步，不能只靠规矩，非自己努力锻炼不可。学游泳的人不是只读几本书就能成，学木工的人不是只听别人讲几次便会，作文也是如此，单知道作文法也不能就作得出好文章。反过来说，不知作文法的人，就是所谓"神而明之"的也竟有成功的。总之，一切技术都相同，仅仅仗那外来的知识而缺乏练习，绝不能纯熟而达到巧妙的境地。"多读，多作，多商量。"这话虽然简单，实在是很中肯綮，颠扑不破；要想作好文章的不能不在这方面下番切实的功夫。

说的一段话，必定有人疑心到作文法全无价值，依旧确信"文无定法"，只想"神而明之"，这也是错的。专一依赖法则固然是不中用，但法则究竟能指示人以必由的途径，使人得到正规。渔父的儿子虽然善于游泳，但比之于有正当知识，再经过练习的专门家，究竟相差很远。而跟着渔父的儿子去学游泳，比之于跟着专门家去练习也不同，后者总比前者来得正确、快速。法则对于技术是必要而不充足的条件，真正凭着练习成功的，必是暗合于法则而不自知的。法则没用而有用，就在这一点，作文法的真价值，也就在这一点。

第一章　作者应有的态度

文章有内容和形式两方面，前面已经讲过。所谓好文章，就是达意表情，使读者读了以后能明了作者的本意，感到作者的心情的文章。应当怎样作法才能达到这种地步，这个问题包含很广，实不容易；但综合起来，最要紧的基本条件却有两个：（一）真实；（二）明确。

（一）真实

文章是传达自己的意思和情感给别人的东西。倘然自己本来并无这样的意思和情感，当然不应该作表示这样的意思和情感的文章，不然便是说谎了。近来，许多青年欢喜创作，却又并不从实生活上切切实实地观察体验，所以虽然作了许多篇东西，却全同造谣一样，令人读去觉得非常空虚。"情者，文之经；辞者，理之纬；经正而后纬成，理定而后辞畅：此立文之本也。"所以作文先要有真实的"情"，才不是"无病呻吟"。所谓"真实"，固然不是开发票或记账式地将事实一件一件地照样写出，应当有所选择；但把很微细的事物说得很夸张，把很重大的事件说得很狭小，或竟把有说成无，把无说成有，都不免成为虚空。

虽然文章是表现作者的实感，往往有扩大、缩小的事实，而同一事物看大、看小也随人随时不同；但这是以作者的心情做基础，不能凭空妄造。用一块钱买一件东西，是一桩很简单的事；但因时间和各人的情形不同，有的人觉得便宜，就说："不过花一块钱。"有的人觉得昂贵，就说："这要一块钱呢！"心情完全不同。但都是真实的，所以没有不合理的地方。"白发三千丈，缘愁似个长""笔落惊风雨，诗成泣鬼神""朝如青丝暮成雪""边亭流血成海水"，这类名句所以有价值，就因它们是表现作者的实感。倘若并没这样的心情，徒然用这样笔法来装饰，便是不真实。

（二）明确

文章要能使读的人了解，才算达到作文的目的，所以难解及容易误解的文章，都不能算是好的。古来的名文中，虽也有很深奥、晦涩，非加上注解不能使人明白的，但这不是故意艰深，使人费解。所以这样有两种原因：一是它的内容本来深奥，二是言语随着时代变迁，古今不同。

文章本是济谈话之穷的东西，它的作用原和谈话没有两样。但用谈话来发表意思和情感的时候，大概是彼此见面的；有不了解的地方，还可当场问清楚。至于文章，是给同时代或异时代任何地方的人看的，很难有询问的机会，万一费解，便要减少效用，或竟失却效用。就是谈话，尚且要力求明了，何况文章呢？

以上两种是作文的消极的条件，不可不慎重遵守。要适合这两种条件，下列几项最要注意。

（一）勿模仿、勿剿袭

文章是发表自己的意思和情感，所以不能将别人的文章借来冒充；剿袭的不好是大家都承认的，古来早已有人说过，不必再讲。至于模仿，古来却有不以为非的。什么桐城派、阳湖派的古文呀，汉魏的骈文呀，西昆体的诗呀……越学得像越好。其实文章原无所谓派别，随着时代而变迁，也无所谓一定的格式。

仅仅像得哪一家，哪一篇，决不能当作好的标准。从另一方面说，文章是表现自己的，各人有各人的天分，有各人的创造力；随人脚跟，结果必定抑灭了自己的个性；所作的文章就不能完全自由表示自己的意思和情感，也就不真实、不明确了。

（二）须自己造辞，勿漫用成语或典故

所作的文章要读的人读了能够得着和作者作时相同的印象，才算是好的，所以对于自己所要发表的意思和情感必须十分忠实。这本不是一件容易的事，第一步功夫就在用辞。用辞要适如其分，不可太强，也不可太弱，不可太大，也不可太小。从来文人无不在用辞上下过苦功夫，贾岛的"推敲"就是最显明的例。法国文豪福楼拜教他的学生莫泊桑有几句名语，很可做教训。

因为世间没有全然相同的事物，作者对于事物，要先观透它的个性。描写的时候务须明晰，使读者不致看错。这样，自然和人生的真相才能在作品中活跃。最要紧的事情就是选辞。我们应该晓得，表示某事物最适当的言语只有一个，若错用了别语，就容易和别事物混同。

他这段话真是至言，作者对于要表示的内容，应该搜求最适当的辞来表示它，不要漫把不适当的或勉强适当的辞来张冠李戴。因此可以说，要对言辞有敏感的人，才能作得出好文章。

晓得这一层，就不至于乱用成语或典故了。成语、典故如果真和自己所要表示的内容吻合，用也无妨，但事实上很难得有这样凑巧的事情。如"暮色苍然"是描写晚景的成语，但暮色不一定苍然，若只要描写暮色就用这成语便不真实了。古人灞桥折柳以送行，本是一种特别土风，"阳关""渭城"也是实有所指；现在这种土风已没有了，事实也不相同了，要描写别离的情况，还用"阳关三叠""渭城骊歌"这类的话，也便是不真实、不明确。又如"莼鲈之思"这句成语，在张翰本是实有这样的情感，若不是吴人，连莼鲈的味都不知道的，也用来表示思念故乡的情感，当然不真实、不明确了。用成语、典故真能确切的实在不多，所以这样的错误触目皆是，非特别留意不可。

和成语、典故相类似，用了容易发生错误的，还有外国语和方言。外国语除了已经通行的或真没有适当译语的以外，都应当避去，因为不懂外国语的人见了这种辞是不会懂的，已懂外国语的人见了这种辞又要感着累赘讨厌。方言非有特别理由，就是没有适当的辞可代替的时候，也不宜用，因为文章中杂用方言，别地方的人读了往往不容易明了。

（三）注意符号和分段

符号和分段，都是辅助文章使它的意义更明确的。符号错误，就易使文章的真意不明，或引起误解。同一句话，因符号不同，意义就不相同。例如：

（1）"大军官正擦额上的汗呢！听见了这句话，遂高声喊道：'全胜！'"这句里"全胜！"本是大军官得意的口吻，所以用叹号（！）表出；若用问号，便是表示那大军官还怀疑别一军官的报告，并且和"遂高声喊道"几个字所表示的情调不称；若用句号（。），情调自然也不合，而"全胜"二字所表示的不过是事实的直述，再无别的意味。

（2）"我爱他，是很光明的。""我爱他是很光明的。"两句意义全不同：第一句"是很光明的"五个字是指"我爱他"这件事，第二句是指"我"所以"爱他"的原因。

一篇文章虽有一个中心思想，但仔细分析起来，总是联合几个小的中心思想成功的。为了使文章的头绪清楚，应当把关于各个小的中心思想的文字作成一段；换句话说，就是一个小的中心思想应当作一段，而一段中也只应当有一个小的中心思想。文章的内容若十分复杂，一段里面还可分成几小段。分段的标准或依空间的位置，或依时间的顺序，或依事理自然的秩序，全看文章的内容怎样。至于每段的长短，这是全无关系的。

（四）用字上的注意

为使文章明确和翻译外国文便利，关于第三人称代词，这几年常有人主张将"他"字依性别划分，但还没有一定主张；我喜欢单数在男性用"他"，在女性用"她"，在通性用"它"；多数则用"他们""她们""它们"。"的"字也划分成三个：（A）"的"用做代名词和形容词的语尾；（B）"底"用做后置介词，表示"所属"①；（C）"地"用做副词的语尾。"那"字原有"询

---

① 以前"底"与"的"有不同用法，但现在统一用"的"。

问"和"指示"两种任务；现在也有人主张分成两个，"询问"用"哪"，读上声；"指示"用"那"，读去声。这些分别，于文的明确很有关系，虽未全国通用，但在个人无论采用与否却须一致，否则误解就容易发生。

第二章　记事文

第一节　记事文的意义

将人和物的状态、性质、效用等，依照作者所目见、耳闻或想象的情形记述的文字，称为记事文。例如：

> ……这枝梅花只有二尺来高，旁有一枝，纵横而出，约有五六尺长；其间小枝分歧，或如蟠螭，或如僵蚓，或孤削如笔，或密聚如林；真乃："花吐胭脂，香欺兰蕙。"
>
> ——《红楼梦》第五十回

案上设着大鼎，左边紫檀架上放着一个大官

窑的大盘；盘内盛着数十个娇黄玲珑大佛手；右边洋漆架上悬着一个白玉比目磬，旁边挂着小槌。

——《红楼梦》第四十回

（状态）

可以敌得过代洛西的人，一个都没有，他什么都好，无论算术，作文，图画，总是他第一，他一学即会，有着惊人的记忆力，凡事不费什么力气，学问在他，好像游戏一般。

——《爱的教育·级长》

如今长了七八岁，虽然淘气异常，但聪明乖觉，百个不及他一个！

——《红楼梦》第二回

（性质）

那个软烟罗只有四样颜色，一样雨过天青，一样秋香色，一样松绿色的，一样就是银红的。若是做了帐子，糊了窗屉，远远的看着，就似烟雾一样。

——《红楼梦》第四十回

这就是鲛绡丝所织。暑热天气，张在堂屋里头，苍蝇蚊子，一个不能进来，又轻又亮。

——《红楼梦》第九十二回

（效用）

上面所举的例，都是记事文。所谓人和物的状态、性质、效用等都是静的，空间的这个标准全是就作者的旨趣说，所以有时被记出的虽是动状，仍是记事文，例如：

堤上虽有微风，河里却毫没有波纹，水面像镜子一般，映出澄清的天空的影。

——《少年的悲哀》

那时候白雾越发降得重，离开房子不过十步路，便看不见那边的窗，只看见一团黑影，里面射出来一条红灯光。河上又发出种奇怪的鼾息声，冰块爆裂声。一只鸡在院子里浓雾中间喔喔的叫着，引起别的鸡也鸣叫起来了，以近及远，慢慢儿一村间只听见一片鸡鸣声音。可是四围除去河流以外，所有都寂静。

——《复活》第十七章

第二节　作记事文的第一步

记事文以记述经验为目的，未曾经验的事物当然无从记述。就是有时是根据作者的想象，而所记述的是假设的情形，但想象也不是凭空妄造，须有相当的经验做根据。因为这样，要作记事文先须经验事物，或目见，或耳闻，或参考书籍，从各方面收集材料，更将所得材料按适当的次序排列起来。在初学的人，没有腹案的功夫的，并须将各材料一一地用短文记出。例如要作"西湖"的记事文，先就经验所得，摘出种种的材料。

先查地理书，假定得到下面的材料：

（1）西湖在杭州城西，又名西子湖。

（2）西湖是东南的名胜。

再把自己在游西湖的时候的经验列举出来，假定如下：

　　（3）从上海坐沪杭车到杭州城站，步行三四里就到。

　　（4）我到车站的时候，原想坐人力车，后来听说到那里很近，就步行了。

　　（5）湖直径十余里，游船往来如织。

　　（6）舟人说，原有两塔，南面的是雷峰塔，北面的是保俶塔。

　　（7）水很清，可望见游鱼。

　　（8）湖滨旅馆很多，我在某旅馆住了几天。

　　（9）别庄、祠堂相望，风景幽美。

　　（10）一面滨市，三面皆山。

　　（11）山峰连续，最高者是北高峰。

　　（12）春夏游人最多，外国人来游的也不少。

　　（13）坐小舟行湖中，如入画图。

　　（14）有苏白二堤，蜿蜒湖中。

　　（15）有林和靖墓、苏小小墓、岳坟等古迹。

（16）有名的山是北高峰、葛岭、孤山、南屏山等。

（17）寺观林立，钟声时到游人的耳际。

（18）某别庄正在那里开工建筑。

（19）四围多垂柳，远望如绿烟。

（20）有人在那里钓鱼。

（21）山上多树，水底有草。

这样一个个地排列起来（愈多愈好），然后再对于材料进行一种精密的取舍整理。

〔注意〕这种程序，可应用于一切文体，不但记事文如此。

第三节　材料的取舍和整理

从经验事物虽将各项关于事物（题目）的材料收集起来，但这些材料，对于题目并不全然适切。如果将不适切于题目的材料夹杂进去，文章就有不适切的毛病。选择材料的标准：一是适切题目，二是注重特色。例如以《西湖》为题的记事文，前节所列的材料中，如（3）（4）（18）和（8）的后半部，（6）的前半部，都不是《游西湖记》的材料，不适切题目，应该舍去。（20）（21）两项不是西湖的特色，也应舍去。

材料取舍完了，其次便是整理。凡是同类的材料，务必集合在一处，将冗繁支离的删去。例如前节（5）的后半部和（12）可并，因为都是记述游人的情况的；（11）和（16）也可并，因为都是记述山的。

既将材料取舍，整理好了，连缀起来，就成文章。现在将前节所举的材料，依上面取舍整理的结果缀成短文如下：

西湖

西湖又名西子湖，在杭州城西（1），是东南的名胜（2）。湖径广约十几里（5），一面滨市，三面皆山；山峰连续，最高的是北高峰（11），此外有名的有葛岭、孤山、南屏山等（16）。原有雷峰和保俶两塔对峙，现只保俶塔巍然矗于北面（6）。苏白二堤蜿蜒湖中（14）。湖畔有林和靖墓、苏小小墓、岳坟等古迹（15）；别庄、祠堂相望（9）。寺观林立，钟声时到游人耳际（17），湖水清浅，可望见游鱼（7）。四围多垂柳，远望如绿烟（19）。坐小船行湖中，好像入画图（13）。春夏间游人最多，游船往来如织，外国人慕名来游的也不少（12）。

〔练习〕试自集材料做下列各题：

（1）我们的学校

（2）我的故乡

第四节　记事文的顺序

记事文的顺序大概有两种，一以观察的顺序为标准，一以事物本身的关系为标准。简单的记事文如前节所举的例，通常用第一种。但要记复杂的事物，这种方法就不适用。如作《飞行机》和《无线电话》等题的记事文，也依作者自己所观察的顺序为文字的顺序，一一连缀起来，那便混杂不清了。

作复杂的记事文，先须注目于关系事物全体的材料，然后顺次及于各部分；各部分的材料中，又是先列大的，后列小的。现在参考书籍，作《鸽》的记事文如下：

鸽是和鸠同类的一种鸟，大都善飞，喜群居。统分野鸽和家鸽两类，家鸽又分菜鸽和飞鸽两种。（一）

野鸽，性情极凶恶；住在山野树林里，以田禾为食，是农家的害鸟的一种。它的羽毛全体暗黑，只有背的中央是灰白色，颈和胸前有紫绿色的光泽，眼睛的颜色不好看。（二）

家鸽为野鸽变种，性情很驯良，可以和家鸡一样给人家喂养。羽毛眼色，种种不一。飞翔很快，记忆力很强（1）。其中的一种，菜鸽，比较起来飞得不高，也飞得不远。眼色也不十分好看。只是它的生殖很容易。肉味也很鲜，用来佐菜，喜欢的人极多；就是它的蛋也是很贵重的食品（2）。（三）

飞鸽，放到远处地方去，它也能自己飞回来，

可用以传信。但是它生长很不容易，往往孵不出小鸽，因为难得，售价非常的贵。（四）

家鸽的品格很多，要分辨它们的好坏和名目，只消看它们的眼睛和毛羽的颜色。（五）

菜鸽的眼睛虽不十分好看，但也有几种有趣味的。一种姜黄眼，眼球下面，现着砂子，黄颜色里带些红色（1）。一种桃砂眼，眼球下面的砂是桃红色的（2）。又有一种水砂眼，桃砂的桃红色还带些淡红的（3）。无论姜黄眼或桃砂眼，眼球里有几粒黑砂，能够上下流动的，又叫流砂；很是名贵。将鸽的身子颠倒转来，眼球里的几粒黑砂，就慢慢地流下；等到再转身过去，又流转了去，真是有趣（4）。（六）

飞鸽的眼睛，名目更多，最好看的是藤砂。藤砂又可分成三等：网藤，眼睛里有许多丝，像藤一般的，这种最好（a）；藤砂，只有一二条丝从眼球里现出来，极显明的，比网藤次一些（b）；藤砂中最下等的，丝贴紧在眼球下面，并不显明的（c）（1）。藤砂以外，铁砂眼，眼球里有一种和砂子一般的小粒的（2）；紫砂眼，眼睛颜色带深

黑的，也是上品（3）。又有一种朱砂眼，眼睛里有细砂，红得像朱砂一样（4）。（七）

这文的顺序画出图来，恰如下所示。

$$
鸽\cdots\cdots 一
\begin{cases}
二 \\[2pt]
三(1)
\begin{cases}
(2) \\
四
\end{cases}
五
\begin{cases}
六
\begin{cases}
(1) \\
(2) \\
(3)
\end{cases}(4) \\[6pt]
七
\begin{cases}
(1)
\begin{cases}
(a) \\
(b) \\
(c)
\end{cases} \\
(2) \\
(3) \\
(4)
\end{cases}
\end{cases}
\end{cases}
$$

凡事所记的事物非一见一闻就能明了，要从书籍上查考它的效用、构造历史……的，都应该用这个方法来记述。

〔练习〕

（一）用下列材料作一篇《金字塔》的记事文：

（1）金字塔是五千年前埃及的古建筑，是国王的墓。

（2）金字塔中最大的，高四百八十尺，底的面积九万方尺，是世界上最大的建筑物。

（3）建筑的材料是瓦砖和花岗石。

（4）花岗石中最大的，重数百万斤。

（5）金字塔的里面藏着用木乃伊包被包裹的国王的死骸。

（6）金字塔的材料，有一部分是瓦砖，那么五千年以前就有瓦砖，是很明白的事。

（7）木乃伊在金字塔中多数室内的石棺中藏着。

（8）金字塔内有许多地下室。

（9）所谓木乃伊包被，是像皮布样的一种东西，用这包被包裹死骸，可以数千年不腐。

配列上的注意如下：

$$金字塔\cdots\cdots 全体\begin{cases} 外部\begin{cases} 花岗石 \\ 瓦砖 \end{cases} \\ 内部地下室\cdots\cdots 石棺 \text{——} 木乃伊包被 \end{cases}$$

（二）依前法就下题作比较精细的文字：

（1）我的家

（2）桃

第五节　文学的记事文

记事文虽以记述事物的状态、性质、效用，使人理解为主；但也有记述事物的美丑的一类，而不以使人理解为目的。前一类，称为科学的记事文，只是作者对于事物的认识的报告，比较偏于客观的，前几节所举的例都是。后一类称为文学的记事文，乃是表现作者对于事物的印象，主观的成分比较多。

例如以《月》为题，就有下面的两种作法：

（一）月是星体中最和人相近的。在天空中一面绕着地球转动，同时随了地球绕太阳而行。它和地球一样，还有自转。它的自转和绕着地球转动，都大约是二十七日又零一周，所以地球上的人只能和它的大部分相见。月上也有山，山岭最高的约二万六千尺至一万七千尺；如亚平宁（Apennines）一山，壁立雄峻的奇峰竟有三千多个。它的本体原是黑暗的，只是反射太阳的光以为光。太阳照着的部分全向地球的时候，看去很圆，这叫作"望"。太阳不照着的全黑的部分向着地球的时候，叫作"晦"。太阳照着的和没有照着的各有一部分向着地球的时候，叫作"弦"。

（二）窗外好像水国，近的屋，远的山，都用不很明白的轮廓，画在空中。屋角树林的下面，晕着神秘的色光。熄灯以后，月光闯入室内，在床上铺着一条青黄色的光带。夜静了，不知哪里来的呜咽幽扬的笛声，还隐约地在枕上听得。

上面的第一篇，读了虽然可以得到关于月的状态和性质的知识，却不能感到月色的美感和月夜的情趣；这便是科学的记事文。第二篇，却恰好相反，只能给读者以月色的美感和月夜的情趣，至于月的性质和状态，却一点不曾写到；这是文学的记事文。

作文学的记事文须观察经验，对于材料选择和整理，与作科学的记事文一样。除了这些条件以外，还须特别注意下列各项：

（一）想象

因为文学的记事文，是表现作者所得的印象，所以在记述事物以前，必须将要表现的印象重现于心中，然后执笔。

即如前例关于"月"的文字，内中都是作者曾经目见过的光景，不是凭空假造的。在作这文时，只是将旧有的印象一一在心中再现，然后依样记述。作这类的文字务必依自己所感受的记述，不可依赖成语来堆砌，如说到月，不可便用些"月白风清""月明星稀"之类的话。这是第一步功夫，也是最难的事；但唯其难能，所以可贵，能够做到，就不愧为作家了。

（二）注意特色

作文学的记事文，虽然要依作者自己所感受的记述，但局部的琐碎记述，不但不能使光景活现，并且不能使人得到所记述的事物的深刻的印象；所以必须捉住特色，舍弃其余，任读者自己补足。例如记述人物，把他的眉毛、眼睛、鼻头都记上几百字，分裂、琐碎，令人看了就要莫名其妙，不能使所记的人物的状貌在读者心中活现了。现从小说中找几条例来看：

第一个肌肤微丰，身材合中；腮凝新荔，鼻

腻鹅脂；温柔沉默，观之可亲。第二个，削肩细腰，长挑身材，鹅蛋脸儿，俊眼修眉，顾盼神飞，文采精华，见之忘俗。

——《红楼梦》第三回

这马兵都头姓朱名仝，身长八尺四五，有一部虎须髯，长一尺五寸，面如重枣，目若朗星，似关云长模样，满县人都称他美髯公。……那步兵都头姓雷名横，身长七尺五寸，紫棠色面皮，有一部扇圈胡须，为他膂力过人，跳二三丈阔涧，满县人都称他做插翅虎。

——《水浒》第十二回

她身材不甚高大，胸脯十分丰满……脸显得特别的白，这种样子真和久居家中闭户不出的人的脸色相同，仿佛番薯深藏地窖里所变成的颜色一般。她双手十分阔，却不很大；头颈从大衣领里透出来，显得又白又胖。在她那雪白光泽的脸上一双又黑又亮的眼睛不住的闪动，眼神虽然显出十分疲乏的样子，却还有活泼气象，内中有一只眼睛略为斜一点。

——《复活》第一章

这三个例，第一、二个虽是旧式的描写法，但寥寥数言中，却能表出迎春和探春、朱仝和雷横的状貌。第三个，也足以表现一个堕落了而久居监狱的女子的神气。所以能够这样，就是捕捉了特色的缘故。

（三）抒述心情

要使所记述的事物在读者心中活跃，不但须记述客观的事物，还须记述主观的心情。换句话说，就是须记述从感觉上得来的印象。所以要作好的文字，非对于事物有锐敏的感觉不可。例如：

夏天的太阳已经下了山；跟着就要睡去的树林中，满了森然的寂寞；建筑用的大松的树梢上，反映着就快烧完的晚红，还带着些红光，下面却已经薄暗，带着些湿气了。好像从树林蒸发出来的又干又触鼻的香气，微微地可以闻得。从远山野火飘来可厌的烟气，夹杂在香气中，却分外地强烈，柔软的夜，不知在什么时候无声无响地落到地上了。鸟到太阳没落，也停止了声音，唯有啄木鸟还用了很倦怠的音调，在那里发梦呓似的单调的微音。

——《泥沼》

读了这段文章，那夏日傍晚松林中的一种蒸郁寂寞的景象，好像目见身历了。感觉在近代文学上有重要的地位，文字上能加入感觉，就有生气。与其说，"寒风吹着面孔"，不如说，"寒风刀刮似地吹着面孔"；与其说，"麦被风吹动"，不如说，"麦被风吹得浪一般地摇动"。因为后者比前者有生气，容易使读者得着印象。我国从来的文章都只记事物，不记情感，实是很大的缺点。

这里所应当注意的，就是所记述的感觉并不是故意加入的事。作者对于事物果能精密地观察，对于记述果能诚实不欺，心情和感觉自然会流露于笔端。如果只是将这一类的辞硬加上去，不但不好，而且可厌。旧式文章中，凡记述风景的时候，末尾常附加"诚胜地也"或"呜呼叹观止矣"之类的文句，记述悲惨的人事的时候，末尾必加"呜呼可以风矣"或"噫不亦悲夫"一类的文句。其实，是否"胜地"，能否算得"观止"，"可风""不可风"，"堪悲""不堪悲"，都要读者自己去领略的，不能由作者硬用主观的意见做命令式的强迫。因此这方法现在已不适用，特别在纯文学上不能适用。

（四）使用含着动作的词句

含着动作的词句，比较地容易引起读者的印象。例如：与其说，"门前有小河，隔岸有高山"，不如说，"门前流着小河，隔岸耸着高山"；与其说，"海边有鹤"，不如说，"海边有鹤飞过"。

不但这样，凡要表示事物，必须在事物有动作的时候，不可在它静止的时候。例如记述学校，必须记它授课或散课的时候；记述城市，必须拣它人马杂沓的时候；记述人物，必须在他言语动作的时候。例如：

大学生缓缓地懒懒地走着，将手掠着大麦的顶，叫天子和冠雀在他脚边飞起，又像石子一般地落在密生的大麦丛里。

——《诱惑》

太阳光正攻击着树林，从繁茂的顶叶上穿过，直用那温和的光亮射在白杨的树干上，竟使这些树干变成松树的干子一般，树叶也都变成蓝色。上面笼罩着蓝白的天，晚霞照着，带了点胭脂的颜色，燕儿高高地飞着，风儿几乎死去了；怠惰的蜜蜂懒洋洋睡沉沉在丁香花上飞着；白蚋虫成群的在单独的远延的树枝上打着旋。

——《父与子》

〔练习〕就下列各题作短文：

（1）春的田野

（2）元旦的上午

（3）秋的傍晚

第三章　叙事文

第一节　叙事文的意义

记述人和物的动作、变化，或事实的推移的现象的文字，称为叙事文。例如：

宝钗与黛玉回至园中。宝钗因约黛玉往藕香榭去，黛玉因说还要洗澡，便各自散了。

——《红楼梦》第三十六回

（人的动作）

汽笛曼声的叫了。汽船画圆周，缓缓的靠近埠头去。

——《省会》

（物的变化）

叙事文原和记事文一样，同是记述事物的文字；不过记事文以记述事物的状态、性质、效用为主；而叙事文以记述事物的动作、变化为主。所以记事文是静的，空间的；叙事文是动的，时间的。例如：

（1）牵牛花有红的、紫的，颜色虽很美观，但少实用。

这是述说牵牛花的形状和性质的，是记事文。

（2）院里的牵牛花，红的、紫的，都很鲜艳地开了。

这是述说牵牛花的变化的，是叙事文。

第二节　记事文和叙事文的混合

文体的分类原只是为说明便利和作者自身态度不同，实际上并没有纯粹属于某种体裁的文字，记事文和叙事文虽因所记述的对象不同而有区别，在一篇关于事物的记述的文字中，总是互相混杂的。例如："今天开了三朵牵牛花（叙事），一朵是红的，两朵是蓝的（记事）。"如果改成"今天一朵红的和两朵蓝的牵牛花开了"，便是纯粹的叙事文（甲）；又若改为"今天开的三朵牵牛花，一朵是红的，两朵是蓝的"，就是纯粹的记事文了（乙）。因为（甲）的目的在使读者知道牵牛花的变化，而（乙）的目的在使读者知道牵牛花的状态。

总之叙事文和记事文，只是作者依旨趣和记述的对象不同，试将下例玩味其记叙混合的样子，就可更明白了。

翌晨，玛尔可负了衣包，身体前屈着，跛着脚，行入杜克曼布（叙）。这市在阿根廷共和国的新辟地中算是繁盛的都会（记），玛尔可看去，仍像是回到了可特准、洛赛留、培诺斯爱列斯一样（叙）。依旧都是长而且直的街道，低而白色的家屋。奇异高大的植物，芳香的空气，奇观的光线，澄碧的天空，随处所见，都是意大利所没有的景物（记）。进了街市，那在培诺斯爱列斯曾经验过狂也似的感想，重行袭来。每过一家，总要向门口张望，以为或可以见到母亲。逢到女人，也总要仰视一会，以为或者就是母亲。要想询问别人，可是没有勇气大着胆子叫唤。在门口立着的人们都惊异地向着这衣装褴褛满身尘垢的少年注视。少年想在其中找寻一个亲切的人，发他从胸中轰着的问话。正行走时，忽然见有一旅店（叙），招牌上写有意大利人的姓名。里面有个戴眼镜的男子和两个女人（记）。玛尔可徐徐地走近门口，振起了全勇气问："美贵耐治先生的家在什么地方？"（叙）

——《爱的教育·六千里寻母》

〔练习〕试将下文的叙事和记事的部分分析出来：

伊的避暑庄边有一个小小的丘样的土堆，汽船在这前面经过。每逢好天气，伊便走到那里，白装束，披着长的卷螺发，头上戴一顶优美的夏帽子。伊躺在丘上面，用肘弯支挂起来，将衣服安排好许多的襞积，卷螺发的小团子在肩膀周围发着光，而且那一只手，那支着脸的，是耀眼的白。在自己前面伊摊着一本翻开的书；但眼光并不在这里，却狂热的射在水面上。伊这样的等着伊的豪富的高贵的新郎，伊的幻想的目的。只要他在船上，他便应该看出伊在山上的了。他们看见而且感动而且赶到伊这里来，那只是一眨眼间的事。

——《疯姑娘》

第三节　叙事文的要素

照物理学的说法，一切的现象都含有四个要素：物质、能力、时间、空间。譬如"今天上午八点四十分火车从江湾开出"这一个现象，"火车"是物质，"开出"是能力的作用，"今天上午八点四十分"是时间，"江湾"是地方。叙事文既是记述现象的，所以也有四个要素：（一）现象的主体，（二）现象的演变，（三）现象发生的时间，（四）现象发生的场所。例如：

那日正当三月中浣，早饭后，宝玉携了一套

《会真记》，走到沁芳闸桥那边桃花底下一块石头上坐着，展开《会真记》从头细看。正看到"落红成阵"，只见一阵风过，树上桃花吹下一大斗来，落得满身满书满地皆是花片。宝玉要抖将下来，恐怕脚步踏践了；只得兜了花瓣来至池边，抖在池内。那花瓣浮在水面，飘飘荡荡竟流出沁芳闸去了。回来，只见地下还有许多花瓣。

——《红楼梦》第二十三回

这一段叙事文虽然很短，所有的要素都完全了；分列如下：

（一）主体　宝玉。

（二）事实　看《会真记》，收拾落花。

（三）时间　三月中浣某日早饭后。

（四）场所　沁芳闸桥。

第四节　叙事文的主想

叙事文和记事文一样，对于材料须有所选择。选择的标准，除记事文所说的"适切题目"和"注意特色"以外，还因文的目的而定。这个目的在叙事文中就是主想，大体有三类：

（一）以授予教训为主，例如传记等。

（二）以授予知识为主，例如历史等。

（三）以授予趣味为主，例如小说等。

因了主想的不同，材料选择取舍的标准也就不一样。即如要叙述岳飞的事迹，作第一类的叙事文，应当对于他的家教、性行、逸事、格言等详加叙述，而于他的生卒年月、生的地方、官职、战功等却用不着详说。作第二类的叙事文却恰好相反，生卒年月等应当详尽，家教、逸事等只得省略。至于作第三类的叙事文，不但材料的选择不同，并且叙述的方法也就相异。《少年丛书》中的岳飞是第一类叙法，《宋史》中的岳飞是第二类叙法，《说岳传》中的岳飞是第三类叙法。总括一句，第一类以善为主，第二类以真为主，第三类以美为主。

自然，这种分类不过是就概括的旨趣说，同一文字有兼两种色彩，或竟兼三种色彩的，不过多少总有所偏重；这偏重的地方，便是一篇文字重要的目的，也就是主想。

作叙事文的时候，材料搜集好了，就要确定主想。主想一定，然后将材料依主想来选择，与主想有关系的便取，无关系的就舍。但有一点须注意，就是同一材料应当取舍，不是材料本身的重要与否的问题，而是与主想的关系重要与否的问题。

例如以《夏日游海边记》为题，而主想是"这日很热，到了海边真凉快"，假定全体材料中有下列各项：

（1）同行某君，他的父亲是个文学家。
（2）我坐了人力车到火车站。
（3）在车站买了车票，然后上车。
（4）火车逢站都停。

就一般的情形说，这种材料本身实不很重要，而于本文的主想的关系也不深，但如果还有别的材料相关联，因而发生重要关系的时候，却就都有用了。如文章像下面的时候，这种材料就用得着：

因为太热，并且我是病后，所以坐了人力车到车站（2）。好像我的车慢了，到车站的时候，车已要开，我就急忙买了车票，飞跑上车（3）。这部是慢车，每站都停，车中又热，烦躁极了（4）。同行某君是某文学家的儿子，很有文学趣味，一路和他谈论文学上的事，免了不少的寂寞（1）。

这样的叙述，所有好像不必要的材料都因了别的材料引到与主想关系重要的地位，就成为有用的了。反之如海边的人口若干，海边的故事、古迹等等，如无别的关联，就不是重要的材料。

〔练习〕就下列各题作文：

（1）游西湖记

（2）诸葛亮（参考《少年丛书》《平民小丛书》等）

第五节　叙事文的观察点

叙事文所叙述的材料，不但是从作者自己经验得来，还有从别人的传说或书籍的记载得来的。材料的来处既然不一，或从甲面说，或从乙面说，当然不能一致。将许多材料连缀成文的时候如果也这样混乱，文章就有头绪不清、不易了解的毛病。即以《三国志》一书而论，关于诸葛亮伐魏的事，有时说"丞相出师"，有时说"诸葛亮入寇"，就各段分开来看，固然没有什么不合的地方。但就作者陈寿一个人的笔下而论，一个是以蜀为主体，一个是以魏为主体，居然有两样的观察点，就未免不当了。叙事文的观察点，就是作者所站的地位，可分为三种。

（一）居于发动者一边，例如说"丞相出师"，就是以发动者的蜀为观察点的。

（二）居于受动者一边，例如说"诸葛亮入寇"，就是以受动者的魏为观察点的。

（三）居于旁观者一边，例如说"诸葛亮出师略魏"，就是以旁观者的地位为观察点的。

作叙事文须确定一种的观察点，全篇统一，不应摇动。通常的叙事文，以居于旁观者的地位的居多。但在旁观者的地位，作者对于各方面也要保持观察点的一致，不可随意变更。

（例一）

杨幺乘舟湖中，兵在楼上发矢石（1），官军仰面攻之，见舟而不见人，因而失败。岳飞下令伐君山的树为巨筏，塞满港汉，又用腐木乱草由上流放下，布置稳当，才和杨幺开战（2）。杨幺船遇了草木，轮不能鼓动，贼奔走港中，又被木筏所拒，因被牛皋捉着，诸贼皆降（3），果然八日就打平了（4）。

——《平民小丛书·岳飞》

这段本是以旁观的地位来记述的，却是观察点变了几次，（1）从杨幺方面，（2）从岳飞方面，（3）再从杨幺方面，（4）又从岳飞方面，逐条错乱，文字使人觉得繁杂不堪。若以杨幺方面为主改成下面的（一），或以岳飞方面为主改成下面的（二），那么文气就一致了。

（一）杨幺乘舟湖中，兵在楼上发矢石，使官军仰面来攻，见舟不见人，因而致胜。后来又和岳飞打仗，战船遇了岳飞从上流放下来的腐木乱草，轮不能鼓动；奔走港中，又被岳飞伐君山的树所作的巨筏所拒，就被牛皋捉着，部下皆降。

（二）官军因杨幺乘舟湖中，兵在楼上发矢石，仰面攻之，见舟而不见人，乃失败。岳飞下令伐君山的树为巨筏，塞满港汊，又用腐木乱草由上流放下，布置妥当，才和杨幺开战。草木既遇杨幺的船，使轮不能鼓动，逼之奔港中。而木筏又拒不令进。牛皋就将杨幺捉着，并招降诸贼。果然八日就打平了。

（例二）

紫鹃在屋里，不见宝玉言语，知他素有痴病，恐怕一时实在抢白了他，勾起他的旧病，倒也不好了；因站起来，细听了一听，又问道："是走了还是傻站着呢？有什么又不说？尽着在这里怄人！已经怄死了一个，难道还要怄死一个么！这是何苦呢？"说着，也从宝玉舔破之处往外一张。

见宝玉在那里呆听，紫鹃不便再说，回身剪了剪烛花。忽听宝玉叹了一声道："紫鹃姐姐！你从来不是这样铁心石肠，怎么近来连一句好好儿的话都不和我说了？我固然是个浊物，不配你们理我；但只我有什么不是，只望姐姐说明了，哪怕姐姐一辈子不理我，我死了倒做个明白鬼呀！"紫鹃听了，冷笑道："二爷就是这个话呀！还有什么？若就是这个话呢，我们姑娘在时，我也跟着听俗了；若是我们有什么不好处呢？我是太太派来的，二爷倒是回太太去。左右我们丫头们，更算不得什么了！"说到这里，那声儿便哽咽起来，说着，又醒鼻涕。宝玉在外知他伤心哭了，便急的跺脚道："这是怎么说？我的事情。你在这里几个月，还有什么不知道的？就是别人不肯替我告诉你，难道你还不叫我说，教我憋死了不成！"说着，也呜咽起来了。

——《红楼梦》第一百十三回

这文中，除末了"宝玉在外，知他伤心哭了，便急的跺脚道：'这是怎么说？……'说着，也呜咽起来了"一段外，都是从紫鹃方面说的。如果把这段改为："只听得宝玉在外，好像知他伤心哭了，急的跺脚道：'这是怎么说……'说着，也呜咽起来了。"那就全体都是从紫鹃方面叙述了。

（例三）

从前阿拉伯地方，有一个养骆驼人家的儿子，名叫亚利，因为有要事要和他在斯哀治的父亲接头，骑了骆驼，带了水瓶，附队商出发。一路上队商彼此谈谈说说，亚利却只有自己的骆驼和他做朋友。他恨不得就看见他的父亲。

热带的太阳，火一样地照着沙漠。遇着难得的有树木和泉水的地方，大家就在此休息，解渴，再把水装满了水瓶，然后出发。夜了就在帐篷中住宿。

这样到了第四日，正午忽然起了大风，把砂吹得满天，走不来路，大家只得中止进行。后来风息了，砂也不飞了，却是出了一桩极大的困难，原来以前是依着骆驼的足迹走的，经过大风以后，骆驼的足迹如数消灭，方向也认不清楚，大家走来走去，总是找不出路来。这时候水瓶中的水已经完了，没法再得水，大家都弄得没有方法了（以上是从亚利一面说的）。

天夜了，队商中一人说："如果明日还不能寻得有水的地方，那么只有把骆驼来杀掉一匹，吃它肚里的水了。"别一个见亚利奔波以后倦睡了，便说："与其杀别个的骆驼，还是杀那小儿亚利的吧。"这样二人在那里商量（观察点转到队商方向去了）。

亚利倦睡中，听见有人说他的名氏，便仍装了睡着的样子细听。听得二人在那里商量要杀他的骆驼，大惊，他想："如果与他们同伴，骆驼就要被他们杀死。"不能再犹豫了，等到他们睡熟，就偷偷地把骆驼牵出，骑着逃了。

天上照耀着无数的星。亚利因他叔父的平常指示，略晓得关于星辰的事情，大略地知道何星在南，何星在北，他凭着了他这点的知识，定了一个方向，鞭着骆驼前进。

在这样试探方向的当中，天渐渐地亮了；忽

见砂上有骆驼新行过的足迹。亚利得了这骆驼足迹的帮助，一直向南走，到了傍晚，隐约地看见前面有火光，急上去看，见有一群队商，在那里张幕野宿，亚利即从骆驼跳下，和他们讲自己受困的情形，请求他们和他同伴（观察点又转到亚利方面来了）。队商听了亚利的告白，大家都感动起来，允了亚利的要求（观察点转到队商方面去了）。在斯哀治的父亲，早几天就晓得亚利要来，等得不耐烦起来了，恰好有还乡的朋友，就同伴回来，想在路上碰见亚利（观察点转到亚利父亲方面去了）。

亚利得了新同伴，就安了心，忽然听得许多骆驼的足音，见又有一群旅客从南方来了。这群旅客之中，有一个就是他的父亲，亚利意外地得着父子相遇，不觉悲喜交集了！

亚利和父亲无恙归家，把路上一切始末，详告他的母亲（观察点又转到亚利方面来了）。

亚利的母亲自从送亚利出门以后，心中怀着各种的忧虑，听了亚利的话就很欢喜，称赞亚利的勇气（观察点转到亚利的母亲方面去了）。

这篇文字，观察点变动了好几次，如果要专从亚利方面说，那么第四段以后的文字应该改作如下：

天夜了，亚利奔波以后，正倦睡着，忽然从睡梦中听见同伴队商的话声，一人说："如果明日还不能寻得有水的地方。那么只有把骆驼来杀掉一匹，吃它肚里的水了。"又一人说："与其杀别个的骆驼，还是杀那小儿亚利的吧。"

亚利听了这一番话，心里想道："如果与他们同伴，骆驼就要被他们杀死，不能再犹豫了！"于是等到他们睡熟时候，就偷偷地把骆驼牵出骑着逃了。

天上照耀着无数的星，亚利因他叔父平日的指示，略晓得关于星辰的事情，大略地知道何星在南，何星在北，他凭着了他这点的知识，定了一个方向，鞭着骆驼前进。

在这样试探方向的当中，天渐渐地亮了，忽见砂上有骆驼新行过的足迹，亚利得了这骆驼足迹的帮助，一直向南走；到了傍晚，隐约地看见前面有火光，急上去看，见有一群队商，正在那里张幕野宿。亚利急从骆驼跳下，和他们讲自己受困的情形，请求他们和他同伴。亚利的告白很感动了队商，他的请求也被他们许可了。

亚利得了新同伴，正安着心，忽然听得许多骆驼的足音，见有一群旅客从南方来了。这群旅客之中，不料有一个就是他的父亲，后来晓得他父亲在斯哀治早知亚利要来，等得不耐烦起来了，恰好有还乡的朋友，就同伴回来，想在路上碰见亚利的。亚利意外地得着父子相遇，不觉悲喜交集了。

亚利和父亲无恙归家，把路上一切始末，详告他的母亲，他的勇气大被母亲称赞。

这样改作以后，观察点一致，文字就一气，不犯繁滞的毛病了。叙事文原是把事件来展开使人看的，性质好像戏曲。观察点的变动，就是戏曲中幕的更动，戏曲中幕不应多变，叙事文的观察点也不应多变。

叙事文因观察点不同，对于同一材料，可作成各方面的文字。这步功夫，在学作叙事文上很是重要。

有这样功夫的作者，对于一件事就能理解要从哪方面叙述才省事。

〔练习〕下面的例，是以旁观者的态度作的文字。试置观察点于裁判官方面，把它改作成一篇裁判官写给朋友的信。

有一位富人，向朋友讨债。这位朋友说并不曾借钱，想把债赖了。富人不得已，诉诸法庭。裁判官问原告："你在何处借钱给他？"原告回答说："在某处大树下。"裁判官说："那么要叫大树来做证人了。"就命法吏执行召唤证人的手续。停了一会，裁判官对着表，独自说："证人就快来了。"这时被告不觉自语道："从这里到那棵大树，有六七里路，恐怕没有这样快吧！"裁判官听了这话，就说："你晓得大树所在的地方，这就是你曾经受过钱的证据。"于是把这案判决如下：

"被告曾经向原告借钱，已自身证明，因此，被告应该把钱还给原告。"

第六节　观察点的变动

照前节所说，叙事文的观察点不应变更，使文气一致而不散漫、冗繁。但这只是一般的原则，在长篇的或复杂的叙事文，要将各方面的情形都表现得适当，却不得不变动。大概，事实的间接叙述比直接叙述不易生动，所以在两件或多件事实有相同的重要，而只从一个观察点出发要将各方面都表现出来又非常困难时，观察点就不得不变动了。例如：

亲家再三不肯，王玉辉执意，一径来到家里，把这话对老孺人说了。老孺人道："你怎的越老越呆了！一个女儿要死，你该劝他，怎样倒叫他死？这是什么话说！"王玉辉道："这样死，你们是不晓得的。"老孺人听见，痛哭流涕，连忙叫了轿子去劝女儿了。

王玉辉在家依旧看书写字，候女儿的消息。

老孺人劝女儿，哪里劝得转，一般每日梳洗，陪着母亲坐，只是茶饭全然不吃。母亲和婆婆着实劝着，千方百计，总不肯吃，饿到六天上，不能起床。母亲看着伤心惨目，痛入心脾，也就痛倒了，抬了回来，在家里睡着。又过了三日，二更天气，几个火把，几个人来打门，报道："三姑娘饿了八日，在今日午时去世了！"

——《儒林外史》第四十八回

这段文的目的，虽是在写出一个中了礼教的毒的人为虚荣忍心看着自己的女儿饿死；但王玉辉、老孺人和他们的女儿三个人的情况，都同样重要。并且，假定从王玉辉一方面叙述，那么老孺人劝女儿和女儿未死前的各种事情都无从表现，或难于表现；就是从别一方面叙述，也同样地不能周到。在这种时候，观察点虽变动了好几处，也是应当的。

叙述一件事，哪几方面的关系重要，以及哪些应当表现，哪些不应当表现，全依事件的性质，由作者自己的意见去判断，没有一个简明的标准。凡是有剪裁功夫的作者，当然能够得到这种标准的。上面所举的例，也可以说是有剪裁功夫的。

第七节　叙事文的流动

　　叙事文的对象是事物的现象的展开，这展开的情形被叙述成文字的时候，就成了文字上的流动。现象的展开不止，文字的流动也就仍然继续，所以流动是叙事文的特色。

　　一件事的展开虽有一定的速度，但叙述这件事的文字，它的流动却有快慢。将事件展开的情况绵密地叙述，把事件中各方面详细地描写的，是慢的叙事文，只述事件的概要，和其中各方面的大意的，是快的叙事文。例如：

　　　　宋江起身净了手，柴进唤一个庄客，提碗灯笼，引领宋江东廊尽头处去净手，便道："我且躲杯酒。"大宽转穿出前面廊下来，俄延走着。却转到东廊前面，宋江已有八分酒，脚步趄了，只顾踏去。那廊下有一个大汉，因害疟疾，当不住那寒冷，把一锨火在那里向。宋江仰着脸，只顾踏将去，正趄在火锨柄上；把那火锨里的炭火都掀在那汉脸上。那汉吃了一惊，惊出一身汗来。那汉气将起来，把宋江劈胸揪住，大喝道："这是什么鸟人！敢来消遣我？"宋江也吃一惊，正分说不得，那个提灯笼的庄客慌忙叫道："不得无礼——这位是大官人最相待的客官！"那汉道："'客官'，我初来时也是客官！也曾最相待过！如今却听庄客搬口，便疏慢了我，正是'人无千日好！'"却待要打宋江，那庄客搬了灯笼，便向前来劝。正劝不开，只见两三碗灯笼飞也似来，柴大官人亲赶到说："我接不着押司，如何却在这里闹？"那庄客便把跐了火锨的事说了一遍。柴进笑道："大汉，你不认得这位奢遮的押司？"那汉道："奢遮杀，问他敢比得我郓城宋押司，他可能？"柴进大笑道："大汉，你认得宋押司不？"那汉道："我虽不曾认得，江湖上久闻他是个及时雨宋公明——是个天下闻名的好汉！"柴进问道："如何见得他是天下闻名的好汉？"那汉道："却才说不了，他便是真大丈夫，有头有尾，有始有终！我如今只等病好时，便去投奔他。"柴进道："你要见他么？"那汉道："不要见他说甚的？"柴进道："大汉，远便十万八千里，近便只在面前。"柴进指着宋江便道："此位便是及时雨宋公明。"那汉道："真个也不是？"宋江道："小可便是宋江。"那汉定睛看了看，纳头便拜，说道："我不信今日早与兄长相见！"宋江道："何故如此错爱？"那汉道："却才甚是无礼，万望恕罪，有眼不识泰山！"跪在地下哪里肯起来？宋江忙扶住道："足下高姓大名？"

——《水浒》第二十二回

这是慢的叙事文。

　　宋江因躲一杯酒，去净手了，转出廊下来，趿了火锹柄，引得那汉焦躁，跳将起来，就欲要打宋江。柴进赶将出来，偶叫起宋押司；因此露出姓名来。那大汉听得是宋江，跪在地下哪里肯起？说道："小人有眼不识泰山，一时冒渎兄长，望乞恕罪。"宋江扶起那汉问道："足下是谁？高姓大名。"

这段所叙的事实和前段相同，只是简单得多，这是快的叙事文。

快的叙事文，以叙述事件的轮廓为目的；慢的叙事文，以叙述事件的情况为目的。两者的分别，正和中国画的写意画和工笔画相同。大体说来，小说属于慢的一类，历史属于快的一类。莎翁的剧本是慢的，兰姆兄妹所作的《莎翁乐府本事》就快了。《三国志》是快的，《三国演义》就慢了。

第八节　叙事文流动的中止

叙事文的特色既然在流动，所以不但这流动须快慢适当，还须慎防中止。所谓流动中止，就是由时间的、动的叙事文，突然转到冗长的、空间的、静的记事文；或插入说明，使动态一时停滞。

（例一）

原来王夫人时常居坐宴息亦不在这正室，只在东边的三间耳房内，于是老妈妈引黛玉进东房来。临窗大炕上铺着猩红洋毯，正面设着大红金线蟒引枕，秋香色金线蟒大条褥。两边设一对梅花式洋漆小几；左边几上文王鼎匙箸香盒，右边几上，汝窑美人觚，内插着时鲜花卉，并茗碗，茶具等物。地面下，西一溜四张椅子上都搭着银红撒花椅袱，底下四副脚踏；两边又有一对高几，几个茗碗花瓶俱备；其余陈设，不必细说。

——《红楼梦》第三回

这段文中，除了第一句是叙事文以外，流动全然中止，以后都成了王夫人房中的记事文。若非把这一大节叙上不可，应当将所记的情况都改成由黛玉眼中看出的，而将末了"其余陈设，不必细说"的话删去，那么流动就没有停滞了。

（例二）

蒋门神见了武松，心里先欺他醉，只顾赶将入来。说时迟，那时快，武松先把两个拳头去蒋门神脸上虚影一影，忽然转身便走。蒋门神大怒抢将来，被武松一飞脚踢起，踢中蒋门神小腹上，双手按了，便蹲下去。武松一踅，踅将过来，那只右脚早踢起，直飞在蒋门神额角上，踢着正中，望后便倒。武松追入一步，踏住胸脯，提起这醋钵儿大小拳头，望蒋门神头上便打，（原来说过的，打蒋门神扑手：先把拳头虚影一影，便转身，却先飞起左脚；踢中了，便转过来，再飞起右脚；这一扑有名，唤做"玉环步，鸳鸯脚"。——这是武松平生的真才实学，非同小可！）打得蒋门神在地下叫饶。

——《水浒》第二十九回

这段文中，括弧内的话都是作者所加的解释，这种说明加到叙事文中，也是使流动停滞的原因，若删去了，流动便连续不断，极有生趣。

第九节　叙事文流动的顺逆

叙事文是把事物的变化来展开的，所以流动的方向也有两种：第一种，照那变化自然的顺序，依次叙述，这是顺的；第二种，因为要叙明变化的前因后果，或并行的事件，不能全然依照自然的顺序而要有所颠倒，这是逆的。例如：

天气很冷，天下雪，又快要黑了，已经是晚上——是一年最末的晚上。在这寒冷阴暗中间，一个可怜的女孩光着头，赤着脚，在街上走。伊从自己家里出来的时候，原是穿着鞋，但这有什么用呢？那是很大的鞋，伊的母亲一直穿到现在，鞋就有那么大。这小女孩见路上两辆马车飞奔过来；慌忙跑到对面时鞋都失掉了。一只是再也寻不着，一个孩子抓起那一只，也拿了逃走了。他说：将来他自己有了小孩，可以当作摇篮用的。所以现在女孩只赤着脚走，那脚已经冻得全然发红发青了。在旧围巾里面，伊兜着许多火柴，手里也拿着一把，整日没有一个人买过伊一点东西，也没有人给伊一个钱。

——《卖火柴的小女孩》

今年盐政点得是林如海。这林如海姓林名海，表字如海，乃是前科的探花；今已升兰台寺大夫，本贯姑苏人氏；今点为巡盐御史，到任未久。原来林如海之祖曾袭过列侯，今到如海，业经五世。起初只袭三世，因当今隆恩圣德，额外加恩，至如海之父又袭一代，至如海便从科甲出身。

——《红楼梦》第二回

这两例中有好几处是逆行的。逆行虽有不得不用的时候，初学的人却宜注意，大概在普通的叙事文是用不到的。

〔练习〕

（1）试将读过的叙事文，举两个观察点变动的例。

（2）试将读过的慢的叙事文举出一篇改成快的。

第四章　说明文

第一节　说明文的意义

解说事物，剖释事理，阐明意象；以便使人得到关于事物、事理或意象的知识的文字，称为说明文。例如：

一旁是字的形，一旁是字的声，所以叫作形声。

——《中国文化的根源和近代学问的发达》

科学的起源，不是偶然发现的，因为人类是有理性的动物，有种种心理的根据，所以发生科学。

——《科学的起源和效果》

说明文的性质，有时好像和科学的记事文相同，有时又好像和叙事文类似，其实全不一样。

　　说明文和科学的记事文有什么区别呢？最重要的一点，就是对象的范围不同。科学的记事文虽也是以记述事物的状态、性质、效用为主；但以特殊的范围为限，是比较具体的；说明文以普遍的范围为对象，是比较抽象的。如第二章第一节所举的例，第一个是记述一枝梅花的状态，第二个是记述屋内一部分的陈设，第三个是记述一个人的性质。范围既狭，所记述的也比较具体，使人读了自然可以就得到那些知识。但若要讲到"植物""房屋的构造"和"人类的通性"等一般的事实，以及抽象的事理如"文学的意义""实验主义"等，范围就扩大得多，不是记事文所能胜任的了。

　　说明文和叙事文的分别比较容易。关于事实的说明，对象虽和叙事文相同，但形式全然相异。如"今天上午八点四十分火车从江湾开出"，是叙事文的形式；而"火车从江湾开到上海是在今天上午八点四十分"，便是说明文的形式。还有一个区别，叙事文可带作者主观的色彩，说明文却不许可。

第二节　说明文的用途和题式

　　说明文本来是用较浅近明了易于理解的文字去解明事物或事理，使它的关系明了，范围确定，意义清晰，给人以关于该事物或事理的普遍的正确的知识，所以用途很广。教师的讲义，科学的教科书，大半是说明文，固不必说；就是学术上的定义，字典上的解释，古书上的注解，事实真相的传达，凡足以使人得到明确的观念和理解的，都要用到说明文。

　　说明文的题式通常有疑问式和直述式两种：

　　（一）疑问式

　　　（甲）书籍是什么？（乙）何谓文学？（丙）科学怎样起源的？

　　（二）直述式

　　　（甲）书籍；（乙）文学；（丙）科学的起源。

在古文中还有用"说"字或"原"字加到题上的，如"士说""原君"之类；但文中多羼入议论，所以不能因题式而判断文体。

第三节　说明文的条件

说明文最简单的形式，就是单语的定义；复杂的说明文，无非是单语的定义的集合和它们的引申。先就单语的定义来讨论。

例如，"人是有理性的动物"是规定"人"的意义的，就是用"有理性的动物"六个字合起来说明"人"的概念。在这六个字中，又可分成两部分：一、"动物"；二、"有理性的"。"动物"是"人"所属的类；"有理性的"是"人"在所属的类中所具的特色，就是"人"和所属的类中的其他的东西相差的地方，论理学上叫作种差。所以最简单的说明文的形式是：

类 + 种差

但说明文只是这样简单，通常不能就使人明了，非更详尽不可。因为说明文所说明的既不一定简单，而又是对于未知某事物、某事理的人才有作的必要，所以作法上必须的条件便须加多，共有六个，分说如下：

（一）所属的种类

为了要使所说明的事物和其他关系较远的事物分离，所以须述它所属的种类；如要使"人"和植物、矿物等分离，就先说他是动物。又以"书籍"和"书信"为例：

（甲）书籍是印刷物。

（乙）书信通常是手写的。

（二）所具的特色

将所属的种类虽已叙述而能使它和其他关系较远的事物分离，但还要使它和关系较近的同属于一类的分离，所以必须述它的特色；如要使"人"和一切别的动物分离，必须叙述他的特点——"有理性的"。

（甲）书籍是预备永久保存，给多数人看的。

（乙）书信是处理一时的事情，代谈话用的。

（三）所含的种类

因要内容明了，使人更易理解，而且理解的内容更充实，所以将事物所包含的种类叙述也是必要。但分类原须有一定的标准，所以叙述分类须将所用的标准同时叙出。

（甲）书籍在版本上，有刻版的、铅印的；在装订上，有洋装的、中国装的；在文字上，有洋文的、中文的；在内容上，有关于文学的、关于科学的、关于哲学的等等分别。

（乙）书信因所述事件的关系人的多少，有公信和私信的分别。

（四）显明的实例

文字内将显明的实例举出，则愈加明了。

（甲）英文教科书是洋文的，国语教科书是中文的……

（乙）例如学校通知书和致全体同学书，是公信，问候某君的信是私信。

（五）对称和疑似

单从事物的本身直述，往往不易明了；所以若将对称的，即同属于一类而不是同种的，或疑似的，即好像同种而实不同的事物对照述说，更可使该事物明白显出。学术上的名词大概有对称的，通俗的事物多半有疑似的。

植物是生物中不属于动物的一部分。（对称）

习字纸也是用笔写的，但不以代谈话为目的，所以不是书信。（疑似）

（六）语义的限定

语义因使用而多分歧，作说明文时，如果遇到容易误解的时候——如古语新用之类——非特别加以限定不可。例如：

共和是国家主权在全体人民，行政首长也由人民选出的一种国体，不是周召共和的共和。

上述各项，是说明作文法上的要件，现在以"文学"为题应用各要件，示范如下：

文学是一种艺术（一），换句话说，就是以文字做成的艺术（二）。纯粹的文学通常不以日用为目的（五），因体裁上有小说、诗歌、戏曲等分别（三）。《红楼梦》是小说，《长恨歌》是诗歌，《西厢记》是戏曲（四）。

文学不是普通的文字，也不是科学（六）。韩愈的《原道》，王船山的《读通鉴论》等，不是文学，物理学讲义，化学教科书等，也不是文学（四）。

我国古来，凡是文字都称文学，但是现在的所谓文学完全是小说、诗歌、戏曲的总称，和从前的意义是不同的（六）。

第四节　条件的省略

说明文原是为未知某事物的人作的。在繁复的说明文，要正确、明晰，固应具备前节所述各条件，但遇某部分确已非常明了的时候，也可以省略。

（一）普通的省略

容易明了而不至误解的事物，或只以使人知道一个概要的，都可以只说大概。例如：

（甲）国家是人类社会组织之最大形体，包容一切社会生活。

——《新学制公民教科书》第一册第六章

（乙）国家是人类为满足需要兴趣而组织的团体，社会也是人类为满足需要兴趣而组织的团体，目的大概相同。但是社会只有人与人的关系，和人所在的土地无关，所以社会成立不限定要占据一定的疆土。人民如果没有一定的疆土，便不能成为国家。

——《政治学大纲》第四章第三节

（甲）和（乙）同是关于国家的说明，（乙）是详细、绵密的说法，（甲）是省略的说法。专门科学的文字都是（乙）类，通常的文字和口头的谈话以（甲）类为多。

（二）因比较而省略

利用读者所已知的事物，两相比较以说明的时候，和已知事物相同的条件，就可省略，这是常用的省略法。例如：

星云和一团云差不多，微亮，挂在空中，极像一缕烟。

日本人民受军阀的苦痛，也和我国一样。

这是利用读者已知的"云"和"烟"来说明"星云"，利用读者已知的"我国军阀的横暴"来说明日本的军阀的。这种方法很有效用，所要注意的就是比拟要恰当，不然，一样地容易引起误解。

〔练习〕试依所讲法则，就下题作说明文：

（1）偶像

（2）革命

（3）山

（4）学校

第五章　议论文

第一节　议论文的意义

发挥自己的主张，批评别人的意见，以使人承认为目的的文字，称为议论文。

记事文是记述事物的状态、性质的，叙事文是叙述事物的变化的，议论文和它们截然不同，很是明显，最易混同的就是说明文。

说明文关于剖释事理的部分，和议论文很有容易混淆的地方。因为对于一事的内容，真是说得极详尽，那么它的价值怎样？我们对于它应持的态度怎样？都可不言而喻，用不到再加议论了。例如：把"社会主义"的意义、功用、优劣等都说到详尽无余，那么社会主义的可行不可行自然非常明了。又如：将"教育"

的含义尽量发挥，那么教育应该怎样？人人应否受教育？也自然可以不必再说，就很明白。

照这样说来，议论文和说明文不是没有差别了吗？这又不然，第一是目的不同。说明文的目的是在使人有所知，议论文不但要使人有所知，还要有所信。

第二是性质不同。试就两者的题式看就可明了。说明文大概用单语为题。如"社会主义""教育"之类。议论文则用一个命题为题，如"社会主义可行于中国""教育为立国的根本"之类。一般议论文的题目，虽也有只用单语的，如"男女同学论""孔子论"等，但不过是形式的省略，若从文章的内容去考察，便知仍是一命题。因为文中不是主张"男女应当同学"，便是主张"男女不应当同学"，不是说"孔子之道已不适于中国"，就是说"孔子之道仍当遵从"。议论文的题目原是文章的根本主张的概括的缩写，所以表面虽是单语，内容依然是命题。

第三是态度不同。说明文比较地偏于客观的，所以虽有时因各人的见解不同，不能人人一致，也有敌论者，但作者并不预计的。议论文却恰好相反，实际上虽未必就有人反对，作者心目中概假定有敌论者立在前面。因为若一切都成了定论，和数学上的公式一样，本来就无议论的必要了。"男女同学"所以还有议论的必要，正因有人主张也有人反对的缘故。

议论文虽和说明文不同，但议论文中用说明文的地方很多。因为没有说明做基础，判断很不容易下，例如要主张"男女应当同学"，那么教育的意义和男女的关系等，都非先加以说明不可。试就下例玩味一下就更可明了了：

　　……但是到了现在，关于女子和文学的观念全然改变了。文学是人生的或一形式的实现，不是生活的附属工具，用以教训或消遣的；它以自己表现为本体，以感染他人为作用。它的效用以个人为本位，以人类为范围。女人则为人类一分子，有独立的人格，不是别的什么附属物。我们在身心状态的区别上，承认有男子、女子与儿童的三个世界，但在人类之前都是平等。与男女的成人世界不同的儿童，世间公认其一样的有文学的需要，那么在女子方面这种需要自然更是切要，因为表现自己的与理解他人的情思，实在是人的社会生活的要素；在这一点上，文学正是唯一的修养了。

——《女子与文学》

第二节　命题

断定用言语或文字表示出来称为命题。议论文实际上就是对于所提出的命题所给的证明——有必要的时候，还加上相当的说明——所以命题是议论文的根本。命题是一个完全的句子（sentence），但一个完全的句子除了表明语句[①]（indicative）外，疑问语句（interrogative），命令语句（imperative），愿望语句（optative），惊叹语句（exclamatory）[②]都不是命题，因为所表示的都不是一个断定，用不到证明。

命题从性质上说，有肯定和否定两种。

　　（甲）竞争运动应该废止——肯定命题

[①]　即陈述句。
[②]　现今根据用途和语气，一般将句子划分为陈述句、疑问句、祈使句、感叹句。

（乙）竞争运动不应该废止——否定命题

在理论上只有这种形式的句子可以作为议论文的题目，但实际上常有不照这样直写的，（甲）（乙）二项，可有下列各种格式：

甲
- 竞争运动应该废止
- 竞争运动废止论
- 排竞争运动
- 论竞争运动

乙
- 竞争运动不应该废止
- 竞争运动奖励论
- 竞争运动应该保存
- 竞争运动的存废

论题本应是一个命题，就是一个完全的表明语句，但题目除表示论文的主旨外，有时还含有刺激读者的作用。所以如："女子不该参政吗？""文化运动不要忘了美育！""异哉所谓国体问题！"等形式的题目都有；但实际上不过是从"女子应当参政""文化运动应当注意美育""非国体问题"变化出来的。

作议论文的第一步，就是认定自己所要提出的命题。命题确定了，然后加以证明。所要注意的就是保持论点，不要变更，使议论出了本命题范围以外。例如"论莎士比亚的文学"，应当只从文学本身立论，不应该牵涉他幼时窃羊的事情。要排斥耶稣的教义，应当只从他的教义本身下攻击，不应该说他是私生子。因为文学和作者的幼时道德各不相关，教义的好坏和立教者的是私生子、非私生子毫无关系。如果要牵涉，就应当先证明两者的关系；必要使人承认幼时道德不好的，长大了也无好文学；私生子不能成伟大的宗教家，然后议论才立得住，不然总是谬论。这种毛病在批评别人的主张的时候较多，往往以攻击私人为压倒对手的武器。其实就是对手因为私德上受指斥不敢再答辩，也不是他的主张失败的证据。

第三节　证明

命题既经认定，就应当加以证明，证明可分两种。

（一）直接证明

即是对于一种主张，找出积极的理由来证明。例如：

孟子曰："不仁哉梁惠王也！仁者以其所爱，及其所不爱；不仁者以其所不爱，及其所爱。"公孙丑曰："何谓也?""梁惠王以土地之故，糜烂其

民而战之；大败，将覆之，恐不能胜，故驱其所爱
子弟以殉之。是之谓：以其所不爱，及其所爱。"

——《孟子·尽心》

这篇的主旨是说梁惠王不仁，而用"以其所不爱，
及其所爱"的事实来证明。

（二）间接证明

就是所谓反证，对于一种主张，先证明对方面的
谬误，使自己所说的牢固。例如：

  ……孟子曰："世俗所谓不孝者五：惰其四
支，不顾父母之养，一不孝也；博弈，好饮酒，
不顾父母之养，二不孝也；好货财，私妻子，不
顾父母之养，三不孝也；从耳目之欲，以为父母
戮，四不孝也；好勇斗狠，以危父母，五不孝也。
章子有一于是乎？"

——《孟子·离娄》

这篇的主旨是说匡章是孝子，而用他没有不孝的
事实来证明。

大概，发表自己的主张，不能不有直接的证明；反驳他人的议论，间接证明最有用。例如，有人主张"足球应当废止"，他所持的理由是"足球危险"，就可用间接证明法反驳如下：

　　　　足球危险，不错。但是，世间危险的事情很多，火车也危险，飞机也危险。如果因为危险就应当废止，那么，火车、飞机也应当废止了；这是很不合理的。

　　用这种反驳法应当要注意对手的论点变更。若主张"足球应当废止"的人，因为这个驳议而声明说："火车、飞机虽危险，但有用它们的必要，非足球可比的。"他的根据已全然变更了，最初的理由是"足球危险"，后来的理由是"足球危险而且非必要"，所以应当认为新论。

第四节　演绎法、归纳法和类推法

　　演绎法、归纳法和类推法，是论证的基本方法。

要知道详细，须求之于论理学，这里所讲的只是一个大概。

（一）演绎法

用含义比较广阔的命题做基础，来论证含义较狭的命题，这是演绎法。例如：

学校的功课都应当注意学习，——大前提

音乐是学校的功课，——小前提

故音乐应当注意学习。——断案

这是演绎法最基本的形式，通常称为三段论式；是用含义较广的"学校的功课都应当注意学习"和"音乐是学校的功课"两个命题来证明"音乐应当注意学习"的命题。上列的顺序是论理上的通常的排列法，在文字或语言上，常有变更。试以上式为例：

（1）学校的功课都应当注意学习"的"（大），音乐"既"是学校的功课（小）；所以音乐"也"应当注意学习（断）。

（2）学校的功课都应当注意学习"的"（大），

所以音乐"也"应当注意学习"呀"(断),"因为"音乐"也"是学校的功课(小)。

（3）音乐"既"是学校的功课(小),学校的功课都应当注意学习"的"(大),音乐"也就"应当注意学习"了"(断)。

（4）音乐"既"是学校的功课(小),音乐"就"应当注意学习(断),"因为"学校的功课都应当注意学习"的"(大)。

（5）音乐应当注意学习"呀"(断),"因为"学校的功课都应当注意学习(大),音乐"也"是学校的功课(小)。

（6）音乐应当注意学习"的"(断),音乐"既"是学校的功课(小),学校的功课都应当注意学习"啊"(大)。

引号内的字是为句子的顺畅附加的,因为无论在文字上或语言上,常常还一定用很质朴的表明语句。大前提、小前提和断案不但排列的顺序可以变更,常常还有省略。例如:

（1）学校的功课都应当注意学习（大），音乐"也"是学校的功课"呀"（小）！

（2）音乐"既"是学校的功课（小），音乐"岂不"应当注意学习"吗"（断）？

（3）学校的功课都应当注意学习"的"（大），音乐"就"应当注意学习"了"（断）。

（4）音乐"既"是学校的功课（小），"就"应当注意学习（断）。

（5）学校的功课都应当注意学习（大），音乐自然不是例外（断）。

只要意义能够明白，在文章上排列变更，要素省略都无妨。为了文章辞调的关系将命题的形式改换也是必要。但若要检查议论的正否，却须依式排列。例如：

（1）桀纣之失天下也，失其民也。

——《孟子·离娄》

（2）天子不能以天下与人。

——《孟子·万章》

（3）他不用功，故要落第。

这些议论若要施以检查，须将省略的补足，成一完全的三段论式如下：

（1）失其民者失天下，
桀纣失其民者也，
故桀纣失天下也。

（2）天子不能以天下与人，
尧为天子，
故尧不能以天下与人（舜）。

（3）不用功的学生都要落第，
他是不用功的学生，
故他要落第。

演绎法的议论，全以两前提做基础，所以如前提中有一不稳固，全论就不免谬误。如前例第三个论式：

不用功的学生都要落第，

他是不用功的学生，

故他要落第。

这论式中，大前提就不甚稳当，因为世间尽有天资聪明，不用功而可以不落第的学生。

世间原难有绝对的真理，所以就是论式各段都无误，也不是就没有辩驳的余地。不过各段的无误，是立论的必要条件，若没有这条件，议论的资格都没有了。

〔练习〕试把下列各议论补足成三段论式，并检查是否谬误：

（1）试验使学生苦痛，故应废止。

（2）我国有广大的土地，岂有亡国之理。

演绎法的两个前提原是立论的根据，假若对于一前提不易承认，还须别的三段论法，把这前提来证明。例如要论证"人类必须有教育"的一个命题，假定是用下列的论式：

人类须有知识，——小前提

知识由教育而得，——大前提

故人类必须有教育。——断案

这论式中的小前提实在是很有疑问的，所以必须再加以证明如下：

生存须有知识，——大前提

人类要生存，——小前提

故人类须有知识。——断案

倘使这论式中的前提还有疑问，那么非再加以证明不可。繁复的议论文大概就是由许多三段论法联合成的。

〔练习〕试补成下列的论式：

凡人因非全知全能，皆有缺点，故孔子虽圣人，也有缺点。

（二）归纳法

归纳法和演绎法恰好相反，是集合部分而论证全

体的论法。例如，用演绎法证明"某人是要死的"。其
论式如下：

> 凡人都是要死的，——大前提
>
> 某人是人，——小前提
>
> 故某人是要死的。——断案

这例中的大前提"凡人都是要死的"的一个命题
是否真实，如果要加以证明，也可用下列的演绎法的
论式：

> 凡生物是要死的，——大前提
>
> 人都是生物，——小前提
>
> 故凡人都是要死的。——断案

对于这个论式的大前提"凡生物是要死的"的一
个命题，若还有疑问，须加以证明，那就不是演绎法
所能胜任的，非用归纳法不可了。论式如下：

> 牛是要死的，马是要死的，羊是要死的，草

是要死的，树是要死的……袁世凯死了，西施死了，我的祖父母死了……

牛、马、羊、草、树……袁世凯、西施、我的祖父母……都是生物。

故生物是要死的。

这式的两前提都是以经验所得的部分集合起来，由此便得到"生物是要死的"的结论。

归纳法中有两个应当遵守的条件：

（甲）部分事件的集合须普遍而且没有反例；

（乙）有明确的因果关系。

这两个条件如果能满足一个，大概可以认为没有错误。用例来说：

（1）有角动物都是反刍动物。

在这例中，"有角"和"反刍"有没有原因结果的关系，这在现在的科学上还没有证明，所以不能满足第二个条件；但有角的动物如牛、羊、鹿等都是反刍的，并且没有反例，即有角而不是反刍的动物可以举出，这就满足第一个条件；而可认为正确的了。

（2）有烟的地方必定有火。

这例中的"烟"同"火"是有因果关系的，满足了第二个条件，所以就是不遍举事例，也可认为正确。

（3）文化高的国民都是白皙人种。

这例虽可举出英、美、德、法等国民来做例证，但有印度、中国等反例可举，不满足第一个条件。并且，明确的因果关系也没有，又不满足第二个条件。这样的归纳便是谬论。

最有力的归纳法，是第一、第二两个条件都能满足的；因为事例既普遍而无相反的例可举，原因结果的关系又极明了，自然不易动摇了。所应注意的，有无反例可举和人的经验有关；就现在所经验的范围虽无反例，范围一旦扩大也许就遇见了反例；所以归纳法所得的断案常是盖然的。但原因结果的关系既已明确，就有反例可举也不能斥为谬论；这只是原因还没完全举出，或反例另有原因的缘故。例如：

居都市的人比居乡村的人来得敏捷。

这就是生活状况的不同，一是刺激很多，一是清闲平淡，可以将原因结果的关系说明的；虽有一二反例，必定别有原因存在，对于原论并不能动摇。

〔练习〕就下列各命题，广举事例且说明其因果关系：
（1）文化从海岸起始。
（2）卜不筮足信。
（3）健康为成功之母。

（三）类推法
根据已知的事例而推断相类的事例的方法，这是类推法。例如：

地球是太阳系的行星，有空气，有水分，有气候的变化，有生物。——已知的事例。
火星是太阳系的行星，有空气，有水分，有

气候的变化。——相类的事例。

故火星有生物。——断案。

类推法应用时须遵守下列的两条件：

（甲）所举的类似点，须是事物的固有性，而不是偶有性；

（乙）被推的事物须不含有与断案矛盾的性质。例如：

（1）孔子与阳虎同是鲁人，同在鲁做官；若依了这些类似点，因孔子是圣人就推断阳虎也是圣人，这便犯了第一个条件；因为这些类似点都是偶有性。

（2）甲乙二鸟，声音，大小，形色都相同。但乙鸟的翅曾受伤折断；若依类似点因甲善飞就推断乙也善飞，这便犯了第二个条件，因为翅的折断和善飞，性质是矛盾的。

〔练习〕

人披毡了则温暖，将毡子包冰，则冰反不易化。

试就类推法说明。

第五节　证据的性质分类

判断一件事，总是以经验做根据，而依前两节所举的方法找出证据来。由性质上，证据有种种的不同，分述如下：

（一）因果论

因果论又名盖然论，是根据了"同样的原因必生同样的结果"的假定，以原因证明结果。例如：

（1）某人平日品行方正（原因），这次的窃案大概和他没有关系（结果）。

（2）他作文成绩素来很好（原因），这次成绩不良，大概是时间局促的关系（结果出预想之外，因为别有原因的缘故）。

这都是因果论，普通所谓议论，大概是这类最多。因果论所以又名盖然论，就是因为这种议论并不是确切可靠的缘故。对于同一事件，往往可做正相反对的因果论，即如前例的：

（1）某人平日品行方正（原因），这次的窃案大概和他没有关系（结果）。

对于这一个因果论也可做正相反对的第二个因果论：

（2）某人近来很穷（原因），或不得已而窃盗（结果）。

这两个因果论，可以同时发生，在这时候，要决定究竟哪一个成立，实是一件很难的事。就是能够证明某人真是渴不饮盗泉的丈夫，但仍不能将（1）确立而推翻（2），因为还有第三个、第四个乃至无穷个因果论可以发生。即如：

（3）某人的母亲病得很危险，他正因于医药费（原因），或竟至于窃盗（结果）。

这个因果论更为有力，某人品行既好，当然有孝行，对于母亲的病自是要想尽方法去医治，那么急不暇择，也是人情。

从这例看来，可知因果论是个确度很小的论法。所以用这个论法的时候，通常须用"大概""或"等推量的语气，万不可取断定的态度。

但因果论虽不是充足的可靠的议论，却是必要的、很有价值的。所以无论何种议论，至少非有一个因果论的证据不可。否则，即使别的证据很多，也不可靠。例如甲有杀乙的嫌疑时，假定有下列各种证据：

（1）乙被杀时，甲确不在家。

（2）甲家有带血迹的刀。

（3）甲的衣上有血。

这类的证据无论有多少，假定甲所以要杀乙的原因一点不明白的时候，依然毫不足凭，而不能据以断定甲是杀乙的。如果能求得下列的事实的一种或一种以上，那就可以认甲为杀乙的嫌疑者。所以仅一因果论的证据虽不足恃，若与别的证据联合起来，就成有价值的论法了。假定所得的事实如下：

（1）甲曾因金钱关系与乙有仇。

（2）甲和乙前几天曾打架而被打伤。

（二）例证论

将和结论相同的事例引来做议论的证据，叫作例证论。例如：

（1）某人身体原很弱，因从事运动，今已健康（事例）；所以运动是有益于健康的（结论）。

（2）甲学生很用功及了格，乙学生不用功落了第（事例）；所以要及格非用功不可（结论）。

（3）投石于水，就沉下去，投木片于水，则浮在上面（事例）；可知轻的东西是浮的，重的东西是沉的（结论）。

这都是例证论。例证论以部分来推全体，或以甲部分来推乙部分。前一种是归纳法的，归纳的法则应该严格遵守；后一种是类推法的，类推的规则切不可犯。除此以外还有几个条件应当特别注意：

（甲）人事和物理的不同　前例中（1）和（2）是人事，（3）是物理。物理以物为对象，物质界是有普遍的法则可寻的，所以大概可以说有一定。甲石沉了，乙石也沉了，可以说凡石都要沉的；甲木浮起，乙木也浮起，可以说凡木都要浮起的。但人事界的现象却没有这样的简单。甲从事运动身体康健了，乙从事运动或反而生病；因为体质、情形都不一定相同，结果不一定同也是应该的。丙不用功幸而不落第，就以为不用功可以不落第；某人买彩票发财，就去买；某人的阿哥的学问好，就以为他的学问也好；这些谬误，都是一类。

（乙）"假定"不能做例证　例证须是事实，"假定"做不来例证。世间往往有以"假定"做例证而应用例证论的。例如：

（1）精神一到，何事不成（假定）；凡毕业颠沛流离的，都是精神不振作的缘故（结论）。

（2）他如果就了商业，已经可以做商店的经

理了，何至穷得这样（假定）；所以读书不如经商
（结论）。

（1）例中，事的成不成非做了以后不能晓得的；
（2）例中，经商能不能就做商店经理，而不穷困，也
要经了商才可知道的。只悬揣了一个假定，再从这假
定立了脚来推论，即使常识上通得过去，总不可靠。

（三）譬喻论

譬喻论和例证论相似，不过例证论是引用和结论
相同的事例做证据，譬喻论是引用和结论相似的事例
做证据。例如：

（1）加热于蒸汽机关，则机关运转，故热可
转成运动。（例证论）
（2）像蒸汽机关的运转需煤一样，生物在生
活上也需食物。（譬喻论）

譬喻论中所最要紧的，就是两方面的类似的关系。
譬喻要得当，就是两方面中各自所存有的关系要有适

当的关联。试就上例分解如下：

（1）蒸汽机关的转动要发热的东西（煤），故运动要有发热的东西。（归纳的例证论）

（2）运动要有发热的东西，故生物的运动（生活）也要有发热的东西（食物）。（演绎的因果论）

适当的譬喻，照上面的样子分解起来，例证论和因果论间一定有相当的可以存在的关系。假如其中有一式错误，譬喻论的全体也就要错误。今示误谬的例于下：

浙江人比湖南人好，好像浙江绸比湖南绸好一样。

这种譬喻论的谬误是谁都晓得的。所以谬误的原因在哪里呢？试分解一下就晓得了：

（1）浙江绸比湖南绸好，所以浙江的一切比

湖南的一切好。（归纳的例证论）

（2）浙江的一切比湖南的一切好，所以浙江人比湖南人好。（演绎的因果论）

这二式中，（1）的例证论明明不合归纳的法则，事例既不普遍，因果关系也不明确，要举反例，不论多少都可以举出，如湖南的夏布就比浙江的好之类。（2）的演绎式的大前提既谬误，断案当然也靠不住了。就是分解起来，（1）的归纳式不错，而（2）的演绎式错了，也一样地靠不住。

检查譬喻论的方法除将它分解以外，还有一种，就是审察两面的关系类似不类似。就前例说："浙江绸"和"湖南绸"的关系，与"浙江人"和"湖南人"的关系全不类似。不类似的关系当然不能譬喻的。至于"蒸汽机关"和"煤"的关系，同"生物"和"食物"的关系，就是类似的了。

譬喻论，我国古来用的很多，现在也着实有不少的人用它，讹诈百出，最易使人受欺，大宜注意辨别。

〔练习〕试指出下列各譬喻论正否：

（1）国之有海军与陆军，犹鸟之有两翼，缺一不可。

（2）政府之不必使人民与闻政治，犹父母之不必问家事于子女。

（3）一矢易折，集数矢则难折；人也是这样，孤立易败，协力则无敌。

（四）符号论

符号论和因果论恰相反，因果论是从原因推证结果，符号论是从结果推证原因。例如：

（1）某人没有一定的职业，应当很穷。（因果论）

（2）某人到了严冬还穿夹衣，可见他很穷。（符号论）

符号论是以实际的形迹（符号）来证明所论的真确的。见学生上课时在讲堂中睡眠，说教师不能引起学生的兴味；见水的结冰，说大气的温度在冰点以下；见日本打胜了俄国，说日本比俄国文明程度高；这都是符号论。通俗所谓"理由"的，大概是因果论；所谓"证据"的，大概是符号论。

因为同一事实，可以由种种的原因发生，所以符号论虽是由结果而推论原因的议论，也是不完全可靠。例如：

（1）学生上课时在讲堂中睡眠，足见教师不能引起学生的兴味。

这议论也可有别种的说法：

（2）学生上课时在讲堂中睡眠，足见学生不十分注意学业。

（3）学生上课时在讲堂中睡眠，足见学校的功课太繁重，学生担负不下。

……

符号论一不小心就容易生出谬误。因为是博士，就崇拜他，说他有学问；因为是孔子说的，就相信它一定不错；因为西洋人也这样那样，所以非这样那样不可；看看报上某商店的广告，就信某店的货物精良；都是这一类的谬论。

符号论中最可靠的，是那结果只有一种原因可以生出来的时候。例如：

（1）河水结冰了，可知天气已冷到摄氏表零度以下。

这是可靠的议论，因为除了天气已冷到摄氏表零度以下，没有别的原因可以使河水结冰的。但是像：

（2）碗中的水结冰了，可知天气已冷到摄氏表零度以下。

这就不大可靠。因为使碗中的水结冰的原因还有别的，人工的方法就是一个。

就大概说：自然界的现象，符号论大体可靠，一涉到人事，关系非常复杂，用符号论大须注意。

第六节　各种议论的联络

前节所述的四种议论，各有缺点；所以单独使用很不可靠。但是若能将二种以上的议论联结起来，就成有力的议论了。例如甲有杀乙的嫌疑时，如果在同一事情，得到下列种种事实，那么甲是嫌疑犯，差不多可以断定了。

（1）甲的性情粗暴。　　　　　　　　　（因果）

（2）甲与乙曾因金钱关系有宿怨。　　　（因果）

（3）某次甲曾用刀和人格斗。　　　　　（例证）

（4）乙被害时，甲不在家，其时为夜半。（符号）

（5）甲家中有带血的衣服和刀。　　　　（符号）

以上是三种议论的联结，若能四种联结，更为可靠。所应注意的，就是因果论和符号论并不全然可靠，至于例证论和譬喻论更只能做补充用，力量很微弱，即以上例来说，虽已有五个证据，但最多只能说甲有嫌疑，至于甲是否杀乙，依然不能断定。所以，关于这一类事实要下判决，非有确实的人证（如当场见到）或物证（如刀与伤口）不可。因此，裁判官只能用各种方法引诱甲自行承认，而不能依自己所得的盖然的证据推断。因为上面的事实，甲和别人血斗或杀的不是乙，甚或别人嫁祸，（4）和（5）都可以存在的，至于（1）（2）（3）都是已过的事，用做证据本来力量很不大。

第七节　议论文的顺序

文章原无一定的成法，议论文的顺序当然也不能说有一定。以下所说的事项，不过是普通的说法。

（一）命题的位置

议论文原是对于命题的证明，命题当然是议论文的根本。所以命题在一篇文章中应该摆在什么地方；还是先列命题，后来说明呢；还是先加说明，后出命题呢？这实在是一个问题。

在最普通的文章，应该先提出命题，使读者开首就了解全篇主旨所在。若是把文章读了半篇，还不能晓得究竟讲点什么，这类不明晰的文章，普通不能算好的。

先列命题，能使文章明晰，却是有时也不应当先将命题列出：

第一，命题容易引起反对的时候　例如对学校学生主张有神论，或对宗教家主张无神论的时候，倘使先把命题揭出，必致开端就惹起观听者的反对，以后虽有很好的证明，也不足动人了。这种时候，应当先从比较广泛点的地方起首。对学生讲有神论，可先从科学说起，说到科学不可恃，再提出有神论来。对宗教家主张无神论，可先说古来有神论和无神论的派别，各揭出其优劣，使听者觉得无神论也有若干的根据，然后再提出自己主张无神论的意见。

第二，命题太平凡的时候　例如在慈善会场中演说"人要有慈善心"的时候，若开端先将命题提出，听的人就厌倦了。这种时候，可从"生存竞争的流弊"等说起，使听者感觉慈善的必要，然后再提出本命题来。

（二）证明的顺序

通常因果论应当列在前面，符号论列在最后。因果论若列在最后，就使已经证明的事情和当面的问题无涉。若四种论证都全备的时候，就是（1）因果论、（2）譬喻论、（3）例证论、（4）符号论，这是最普通的。

先列因果论，使读者预想有像结论的事实。次列譬喻论和例证论，使读者预想着在别时别地所有的事实，或者在此也要起来。到了最后的符号论，使读者觉得所预期要起来的事实果真起来，就能深切地信从了。再用前面所举的甲杀乙的事例来说：

（1）甲与乙因金钱关系有宿怨。（使读者预想甲或因此杀乙。）

（2）甲虽是个平和的人，但是愤怒和改变素性；好像水虽平静，遇风也要起浪。（使读者信平和的甲，也可杀乙。）

（3）从前某人某人都是平和的人，都因愤怒及金钱关系，有过杀人的行为。（使读者因从前的实例，坚信甲有杀乙的可能。）

（4）甲家有带血的衣服，且乙被害时，甲确不在家。（因证据使读者坚信甲是杀乙的。）

第八节　作驳论的注意

议论文以推理为根据，除了自然界的现象以外，人类社会的事情非常复杂，而人的推理又非绝对可恃，所以无论何种名文，总不免有驳击的余地。并且议论原是假定有敌论者存在，否则已用不到议论。从这一点说，议论文可以说是广义的驳论了。今姑且就一般的所谓驳论，略述一二。

（一）寻求敌论的立脚点

要反驳敌论，自然以从要害驳击为最有效，所以寻求敌论的立脚点是第一步功夫。对于敌论应当找出它的主旨，就是根本的命题。其次要寻出它证明的根据和法式——演绎或归纳或类比。

（二）反驳的方法

对于敌论所用的证论的法式既已明了，只需检查它违犯哪一种条件。但只是将证论推翻，不一定就能打倒敌论的根本命题，所以最重要的还是对于这命题的驳击。

命题由性质上分，有肯定和否定两种，如本章第二节所说；若由分量上分，又有全称和特称两种。例如：

(1) 凡人是动物 } ……全称命题
(2) 凡人非木石 }

(3) 有动物为人 } ……特称命题
(4) 有动物非马 }

上例在质上（1）（3）是肯定，（2）（4）是否定；所以从质和量上分，命题有四种：（1）全称肯定，（2）全称否定，（3）特称肯定，（4）特称否定。

将质或量不同，而所含的概念相同的命题对证，称为对当。对当有各种形式，须于论理学中求之。现在只讲其中的一种矛盾对当，即全称肯定和特称否定以及全称否定和特称肯定。矛盾对当的性质是此真则彼伪，此伪则彼真，因此对于敌论命题的攻击，这种方法最方便而有效。

议论的命题应当是全称，若为特称立论本已非常无力；所以驳击敌论的全称命题，只须从它的矛盾对当的特称命题下手；因为证明特称命题实较证明全称命题容易。例如：

（1）敌论——凡哺乳动物都住在陆上。

——全称肯定

驳论——有哺乳动物（鲸）不住在陆上。

——特称否定

（2）敌论——白话不能达古书之义。

——全称否定

驳论——有教师讲解时白话能达古书之义。

——特称肯定

上例若驳论成立，敌论当然被推翻，而驳论都是特称，只要有一二例证就可成立，所以最方便而有效。

〔注意〕证明全称肯定或否定以推翻特称否定或肯定也是矛盾对当，但于作驳论少有用处，所以不详细讲了。

（三）应注意的条件

作驳论应注意的重要条件有下列的三个：

第一，勿助长敌论的声势　敌论者如果是有声望的人，议论往往在一般人的心里有强固的印象。这时候务必设法使敌论的印象减轻，以便自己的议论容易透入人心，切不可助长敌手的声势。例如对某博士的文字作驳论的时候，如果说：

　　某君是个博士，是个大学教授，学问很渊博，他的议论，当然不是我们做中学生的所够得上批评的。不过……

这就是不利于自己的议论。但是也不可因此而发些轻薄的议论去糟蹋对方，这是作者的人格问题。

第二，勿曲解敌论　驳论是将自己对于敌论的反抗，公诉于一般的读者的文字。对于敌论必须不以恶意去曲解它。否则无论怎样，不能中它的要害，并且不能得读者的同情。

第三，驳论的位置　最有力的驳论最好放在中部，后半篇可用强有力的方法发挥自己的主张，使读者忘了所读的是驳论，而信从自己的主张。

以上所说的各项，并不是想取不正当的胜利，只是用来防不应当有的失败，千万不要误用。文章真要动人，非有好人格、好学问做根据不可，仅从方法上着想总是末技。因为所可讲得出的不过是文章的规矩，而不是文章的技巧。

〔练习〕

（1）试将读过的一篇议论文，分解它的论证法。

（2）试就读过的一篇议论文作驳议。

第六章　小品文

第一节　小品文的意义

从外形的长短上说，二三百字乃至千字以内的短文称为小品文。前几章所讲的记事、叙事、说明和议论等，是从文的内容性质上分的，长文和小品文只是由外形而定。因此小品文的内容性质全然自由，可以叙事，可以议论，可以抒情，可以写景，毫不受何等的限制。

小品文，我国古来早已有了，如东坡小品就很有名；普遍的所谓"随笔"，也可看作小品文的一种。近来在各国，小品文更盛行，并且体裁和我国的向来的所谓小品文大不相同。现在的所谓小品文实即 Sketch 的译语。大概都是以片段的文字，表现感想或实生活的一部分的。例如：

雪夜

从早晨就暗淡的天，一到夜就下了雪了。由窗隙钻入的寒气冷到彻骨，好像是什么妖魔用了冰冷的手，来捉摸人的头颈似的。才将夜饭碗盏收拾好的母亲，在灯下又开始做针线，父亲呢，一心地看着新闻。饭毕就睡了的小妹，好像是日间跑得太厉害了，时时在被窝里发出惊叫来。

雪依然没有止，后园里好几次地有竹折断的声音。夜不觉深了，寒气渐渐加重，连远处传来的犬吠声，听去也觉得分外地带着寒森凄清了。

（写景）

红蜻蜓

就枯草原上卧了，把书翻开，忽然飞来了一个红蜻蜓，停在书页上面。头影一动，就好像触怒了它的样子，即刻飞去了。飞也不远，仍旧回到原处。我寂然不动地看它：尾巴缓缓地孑孑地动着，薄薄的两只翼翅，尽量伸张，好像单叶式飞行机的样子。不时又闪转着那大而发光的眼睛。

在晚秋的当午的强烈的日光中，红色的蜻蜓，看去却反觉有点寂寞。

（状物）

田畔

倦了在田畔坐息，前面走过了穿着中学校制服的学生们，仔细一看，是K君与N君。他们不知道我在这里，一壁走着，一壁高声地谈着。

唉！唉！在小学校的时候，我比K君N君成绩好得多，先生也说我是有望的少年，只为了贫穷的缘故，就这样朝晚与田夫为伍。我难道竟以田夫过这一生吗？

那未免太悲哀了！但是有什么法子可想呢？我心如沸了！虽自己不愿哭，眼泪已流下颊上了！

（抒情）

鸡

鸡告诉我们天地的觉醒，但所告诉的并不一

定是光明。

鸡的第一次开声，是夜的最黑暗的时候。

鸡在深暗中叫，鸡是在深暗中叫的！

（议论感想）

读者读了上面的例，当可明白小品文是怎样的东西了。小品文虽然也有独立制作的，其实多散见于长文中。有名的文学作品中含有小品文极多，几百页的长篇小说，也可看成小品文的连续。在近代作品中，果能节取，随处可得到很好的小品文范例。例如：

风雨的强度渐渐地退减，不久，就只剩了雾样的非常美丽的细雨。云的弧线一点点地透升上去，长而且斜的日光，即落在地上了。从云的裂缝里，露出一条碧色的天空，这裂缝次第展开，像个揭去面纱的样子；既而澄净深碧的天空就罩住世界。新鲜的微风拂拂地吹着，好像地球的幸福的叹息，掠着湿雨的小鸟的快乐的歌声，可从田野森林间听得。

——莫泊桑的《一生》

从黎明起，平常所没有的凝然而沉的浓雾，把一切街道闭住了。这虽若干地轻微透明，不至于全不看见东西，可是在雾中行走的人们，都已浸染着了那不安的暗黄色；女人脸上鲜活的红色以及动人目的衣服花样，都好像隔了一层黑的薄纱，在雾中有时茫然地暗，有时豁然地鲜明。南首天空，在蚊帐样的黑云里，藏着日脚很低的十一月的太阳，比地上远来得明亮；北首则到处沉暗，好像低挂着大大的幕，下面昏黄而黑，物象分辨不清，几同夜间一般。于这沉滞的背景中，模糊地浮出着薄暗的淡灰色的屋宇，在秋天已早荒废了的某花园的门口竖着的两圆柱，看去宛像死人前面列着的一对的黄蜡烛……

——安得列夫的《雾》

祖母死后数年，父母也都跟着做了这墓中的人，到现在已星霜几易了。墓碑满了藓苔，几乎看不出文字，虽默然地立着不告诉我什么，但到此相对，不觉就如目见墓中人一样。他们生前的情形，都一一不可遏地奔到我心上来：祖母驼圆了背在檐下曝日的光景，父亲的将眼鼻并在一处打大喷嚏的神情，母亲着了围裙浆洗衣服的样子，都显然地在我眼前浮出。

飒然地风来了，树叶瑟瑟地作声。明知道只是树叶的声音，然在我无余念的人的耳中，好像是有一种曾听见过的干皱的沙音，快活的高声，和低而纤弱的喉音，纷然合在一起，在那里忙说着什么似的。忽然间声音一停，以后就寂然了。

我的心也寂然了。从这寂然的心坎中忽然涌起了怀慕的心情，不觉眼中就含了泪了。唉！如果可以，我愿就这样到墓中去，不再返尘世了！

——二叶亭四迷的《平凡》

以上不过就近代外国文学作品中略举数例，这样好的小品文，在我国好的文学作品中当然也很不少。如《儒林外史》中的王冕放牛，和《水浒传》中的景阳冈一段，都可作小品文读的。读者只要能留心，就可随处得着小品文的范例了。

第二节　小品文在文章练习上的价值

小品文自身原有独立的价值，且不详论。练习小品文，对于作长文也很有帮助，就是可以增长关于作文所需要的各种能力，所以对于文章练习上，利益很多。兹述一二于下：

（一）可为作长文的准备

画家学画，须先从小部分起，非能完全描一木一石的，绝不能画全幅的风景，非能完全写一手一足，绝不能画整个的人物。文章也是这样，不能作全部分的文字的，即使作了长篇的文字，也绝不会有可观的价值。所以与其乱作无谓的长文，不如多作正确的小品文。换句话说，就是学文须从小品文入手。

（二）能多作

文有三多：多读，多作，多商量，这是学文者无可反对的条件。但长篇文字要多作，实不容易，小品文内容既自由，材料又随处可得，并且因字数很少，推敲、布局都比较容易，很便于多作，能多作，作文的能力就自然进步了。

（三）能养成观察力

小品文形既短小，当然不能容纳大的材料。因此，要作小品文，无论写情、写景，非注意到眼前事物的小部分，将它的特色生命来捕捉不可。这么一来，结果就可使观察力细密而且锐敏。细密而且锐敏的观察力，实在是文人最重要条件之一。

（四）能使文字简洁

要作小品文，因它的字数有限，断用不着悠缓的笔法，非有扼要的手腕不可。所以学习小品文，可以使文字简洁。初学作文，最普通的毛病是冗漫、宽泛，因为初学者对于材料还没有选择取舍的能力，不容易得着要领的缘故。若作小品文，这毛病立即现出，渐渐自然会简洁起来，而对于材料也能精于选择、取舍。这种工作，原是作文的第一步，也就是作文方法的一切。如果真能通达，已可算得有作文的能力了。

（五）能养成作文的兴味

初学作文的人，往往因为作得不好，打断兴味，而自觉失望，这是常见的事。长篇文字所需的材料既多，安排也不容易，初学的人当然没有作得好的可能，屡作都不好，兴味就因而萎缩了。小品文以日常生活为材料，并且是片断地收取，因而容易捕捉，材料既不复杂，安排也容易；即使作了不好，改作也不费事。为了这样，学作小品文既容易像文字，而很好的成绩偶然也可得着，作者的兴味当然可以逐渐浓厚。

学作小品文的好处如要细述，还不止此，但这已足以证明有学它的必要了。读者要学作文章吗？先努力作小品文吧！

第三节　小品文练习的机会

小品文本随时可作、随地可作，不必再待特别机会。这里姑举一二便于作小品文的机会于下：

（一）日记

日记因人的境遇、职业不同，种类当然很多，但大体可别为二种，一是只记述行事的，一是记述内面生活的。在普通人的日记中，两种时时相合，前者重事实方面，后者重心情方面。例如：

晨五时起，到后园散步，早膳后赴学校。授

课三小时。傍晚返寓。S君来谈某事，夜接N自沪来信。灯下作覆书。阅新到杂志。十时就寝。

　　数日来的苦闷，依然无法自解。来客不少，可是都没有兴高采烈地接待他们。客散以后，一味只是懊恼，恨不得将案上的东西，掷个粉碎。天一夜，就蒙被睡了。

上面二例，前者是以行事为本位的，后者是以心情为本位的。两者虽任人自由，没有限制，但为练习文章计，应当注意这两方面的调和；一味抒述内心生活，虽嫌虚空，然账簿式的事实的排列，也实在没有趣味。因此，最好的日记是于记述事实之中，可以表现心情的作法。请看下例：

　　昨晚执笔到一点钟；起来觉得有点倦懈。天仍寒雨，窗外桃花却开了。H来谈，知N已病故，不胜无常之感。忽然间N的往事，就成了全家谈话的材料了。下午到校授课，夜仍译《爱的教育》，只成千百字。

上例虽不甚佳，然可视为两方调和的一例。我国古来，日记中很有可节取的文字；案头现有《复堂日记》，摘录一节如下：

积雨旬日，夜见新月徘徊庭阶，方喜晴而础润如汗，雨意未已。二更猛雨，少选势衰，枕上阅洪北江《伊犁日记》《天山客话》终卷。睡方酣，闻空楼雨声密洒，霆雷如百万军声，急起，已床屋漏矣。两炊许时，雷雨始息，重展衾枕，已黎明，是洪先生出关，车行三四十里时也。

这是清人谭复堂日记的一节，可以做小品文读的。笔法虽与现代的不合，但对于实生活的忠实的玩味力和表现力，是可以为法的。

一个人每日的生活必有几事可记的。一日的日记，如果分析起来，实有几个独立的小品文可成。通常日记不必使每一事实都成小品文，只要使一日的日记全体为一小品文，或于其中含一小品文就够了。上例就是于一日的日记中含一小品文的。

日记的价值可说的很多，练习文章也是价值之一。因为日记是实生活的记录，日记的文字可以打破一切文字上的陈套；要作好日记，非体会吟味实生活不可。所以从日记去学小品文是很适当的。

（二）书札

书札与普通文字径路不同，尽有能作普通文字而不能作书札的。书札有实用与非实用的二种。实用的书札普通都是随笔写成，不加功夫；至于非实用的，则非有练习功夫的人是不能作的。日常的书札中往往含有这实用的与非实用的两方面。例如：作书托友人介绍医生，而附述自己病床的景况，前者是实用的，后者是非实用的。又如：作书约友人来游，而叙述所在地的景物，前者是实用的，后者是非实用的。

讲到趣味，作书札比作日记更多，因为日记是独语，而书札却是对话了。知友把他的生活情况来报知我们的书札，我们都非常乐读；我们能于书札中表现我们的生活，使朋友晓得，他们将怎样地欢喜呢！

我国古来书札中，佳例很多。兹随录一二为例：

某启，两日来，疾有增无减，虽迁闸外，风

气稍清，但虚乏尔。儿子何处得《宝月观赋》，琅然诵之。老夫卧听未半，跃然而起；恨二十年相从，知元章不尽。若此赋，当过古人，不论今世也。天下岂常如我辈愦愦耶？公不久当自有大名，不劳我辈说也。愿欲与公谈，则实未能，想当后数日耶？

——苏东坡《与米元章》

某到黄陂，闻公初五日便发，由信阳路赴关，然数日如有所失也。欲便归黄州，又雨雪间作。向僧房中明窗下，拥数块热炭，读《前汉书·戾太子传赞》，深爱之。反复数遍，知班孟坚非庸人也。方感叹而公书适至，意思豁然。稍晴暖，当扬帆江上，放舟还黄也。

——苏东坡《与李公择》

庭前小梅数株，绿衣素妆，娟好如汉宫人。幽斋无事，静对忘言。或时移书吟咏其下，攀条摇曳，暗香入怀。每当惠风东来，飘拂襟袖，挹其清芬，宛然如见故人。今虽飞琼碎玉，点点青苔；然片光孤影，独仿佛缭绕左右。倘能乘兴而来，巡檐一索，便可共吟楚些，共招落梅魂也。

——汤传楹《与尤展成》

上所举的例虽与现代文体不同，然都能表示实生活，不只简单地排列要事，很能使受书的爱读，而且读了增加不少的兴趣。由此可知：要作好书札，非加入实生活的背景不可；若不将实生活做背景，文字就不能动人。试比较下二例：

（甲）昨日在某处遇见H君，知S君即将于下星期内赴英伦。我和H定于明晚在某处设宴饯行，特写信约你，请届期与会。

（乙）昨日在某处遇见H君，知S君即将于下星期内赴英伦。S君的要赴英留学，原是早有所闻的，却不料别离有这样快！寥寥的朋辈中暂时将又少一人了。已和H约定，明晚在某处设宴饯行，特写信给你，请届期与会；于离别以前，大家再一亲S君的快活的面影，话一番小学时代的旧事吧。

这是编者漫然作成的例。（甲）和（乙）相较，（甲）是只列事实，（乙）是兼述生活和心情，（乙）较（甲）有情趣，读了自可了解了吧。

书札中能兼述生活情趣，就能不呆滞而饶兴味。这不但在本文中如此，随处都是这样。举一例说，即如署名下的月日就可有各种记法。"某月某日"，"某月某日灯下"，"某月某日游山归来"，"某月某夜蟋蟀声中"，这些记法，后面的比前面的，趣味就有多少的分别。

这里所应注意的，就是要真实无饰。若专袭套语，徒事修饰，是毫无用处的。只要能表现实生活，就可以使读者引起情趣；若徒把古人或今人的美辞丽句来套袭，就要成呆板讨厌的文字了。旧式书简中很多这种毛病，不可不知。

第四节　小品文作法上的注意——着眼细处

小品文是记述实生活的一部分的东西，以描写部分为目的；要写全体的事象，当然不是小品文所能胜任的。所以作小品文必须注目于事物的细处，就极微细极琐碎的部分发现材料。习作小品文所以能使人的观察精细锐敏，原因就在这一点。试看下例：

（甲）鳞云一团，由西上升；飞过月下，即映成五色，到紫色缘边，彩乃消灭。团的月悬在天心，皎皎的银光笼罩着平和的孤村。四边已静寂了，地底下潜藏的夜气，像个呼吸似的从脚下冲发上来。

——《月夜》

（乙）一到半夜，照例就醒，醒了不觉就悄然。窗外有虫叫着，低低地颤动地叫着，仔细一听，就是每夜叫的那个虫。

我不知于什么时候哭了，低低地颤动地哭了。忽而知道，这哭的不是我，仍是那个虫。

——《虫声》

上二例都是描写秋夜的；一以月为题，一以虫声为题；一以景色为主，一以作者的心情为主。趣向不同，好坏虽难比较，然秋夜的情调，二者中，何者比较地能表示出来呢？不用说，后者胜于前者了。这个原因，由于（甲）欲以短小的文字写繁复而大的景物，（乙）却只写虫声（一个虫声）的缘故。

欲在一小文中遍写一切，结果必致失败。初学者作"春日游某山记"，往往将上午某时出门，途遇某友，由何处上山，在何处休息，何处午餐，游某寺某洞，某时下山，怎样回家等，一一列举于短小的文字中，结果便成了一篇板笨的行事账簿，当然没有什么趣味可得的。

不但描写景物是这样，即在抒情文、感想文、议论文中，也是如此。小品文的材料，与其取有系统的、整个的，不如取偶发的、断片的。例如：

> 去年今日此门中，人面桃花相映红。人面不知何去处，桃花依旧笑春风。

这是崔护的诗，所以读了能使人感动，全在他能触物兴感，把偶发的、断片的材料来活写的缘故。如果平铺叙述，把一切事件都说到，就成了"崔护某处人，一日在某处遇一女郎……"样的一篇东西，使人读了，最多也不过得着"哦，有这么一回事"的感觉罢了。

就事件的全体来做小品文的材料，结果只能得到点轮廓，不能得其内容。用譬喻来说，轮廓的文字好像地图，是不能作为艺术品的。我们要作绘画样的文字，不需要地图式的文字。因为从绘画上才有情趣可得，从地图上是不能得到的。

从许多断片的部分的材料中，选出最可寄托情感的一点拿来描写，这是作小品文的秘诀。好像打仗，要用少数的兵去抵御大敌的时候，应该集中兵力，直冲要害，若用包围式的攻战法，就要失败的。

第五节　小品文作法上的注意——印象的

精细的部分的描写，胜于粗略的全体的叙述和说明，这是从前节已可知道的。那么，什么叫作描写呢？

描写是照了事象把它来从笔端现出的意思，和绘画所用的意义相同。说明固然不是描写，叙述也不是描写。旧式文章中说明和叙述的分子很多，近来的文章，除了批评文感想文等以外，差不多都以描写的态度出之了。

我国古来纯文学作品中很有描写佳例，随录一二，读者当能了解描写的态度。

> 山色倒侵溪影，一路随孤艇。
>
> ——杨仪《桃源忆故人》

> 寒风吹水，微波皱作鱼鳞起。
>
> ——赵宽《减字木兰令》

> 仰视浮云驰，奄忽互相逾。
>
> ——李陵《与苏武》

> 斜日坠，荒山云黑天垂暮，时见空中一雁来，冷入残芦去。
>
> ——蒋冕《卜算子》

于上列各例，读者对于他们观察事物的精敏，大约佩服了吧！简单点说：描写就是观察的表出，不会观察事物的人是断不能描写的。前节所说的宁作小部分的描写，不可作全体的叙述和说明，换句话说，就是要描写的，不可是叙述的、说明的。因为短小的文字中，若要装载整个的有系统的材料，必致流于说明叙述，结果便只存了轮廓而使内容完全空虚了。

但从另一方面看，所谓描写的就是"印象的"的意思。我们与事物相对时，心情中必有一种反应或感觉，这普通称为印象。描写是照了所观察的事象如实写出，就是要把印象写出。所以如果是描写的文字，必会成印象的文字。上面所举的描写诸例，都是印象的，都能将自己对于事物所得的印象传给读者。

将自己所得的印象，不加解释说明直现出来，使读者也得着同样的印象，这叫作印象的。试看下例：

（甲）才开窗，湿而且重的温风即吹来，花坛的花枝都带着水珠；蔷薇已落了许多，有几瓣还乱落在花坛外，沾着些泥土了。油也似的雨，还丝丝地亮晶晶地从檐口挂下，罗岩山山腰以上，无声地放着破絮似的云，铅样的湿烟，低低地笼罩湖水，一切都沉滞得如在水银中一样。

——《时雨的早晨》

（乙）起来正六时，天还未晴，开窗一看，湿而且重的温风就迎面吹来。花坛的花枝上都带着水珠，知道昨夜大雨。蔷薇已落了许多。这蔷薇是今年正月里亲自种的，前天才开，不料就落了。有几瓣还乱落在花坛外，沾着些泥土，这大约是昨夜风大的缘故吧。

油也似的雨，丝丝地亮晶晶地，从檐口挂下，不从檐口去看，却看不出。罗岩山山腰以上放着破絮似的云，天恐一时不会晴呢。铅样的湿烟，低低地笼罩湖水，一切沉滞得如在水银中一样。唉！真令人闷极了。

上面二例，（甲）只述目见的光景，（乙）则于述光景以外，又加入作者自己的解释或说明。读者读了，不消说是取前者不取后者的吧。因为前者比较地能把印象传给读者，且所传给于读者的只有印象，所以读了容易感染。至于后者则像以谆谆的态度教示读者一样，读者读了很感着不自由；且因所传给于读者的不止印象，夹杂着许多不相干的东西，所以印象也就不能分明地传给读者了。

我国旧式文字中往往以作者自己的态度，强迫读者起同感。如叙述一悲事，结尾必用"呜呼，岂不悲哉！"，叙述一乐事，必要带"可谓乐事也已"之类。其实这是强迫读者的无理的态度。悲不悲，乐不乐，读者自会感受，何必谆谆然教诲人家呢？

描写！描写！部分的精细的分写，胜于全体的叙述和说明！再进一步说，要印象的描写！

第六节　小品文作法上的注意——暗示的

前节的所谓部分的描写，并非一定主张绝对地描写一部分，目的是要从部分使人仿佛全体。既然能印象地描写，把部分的印象传给别人，全体的影子必然在其中含着，所以必能将全体的光景暗示读者。说明的文字易陷于轮廓的，范围常有一定，文字就往往无余情可得；描写的文字部分虽小，范围却无限制，可以暗示种种复杂的情景于读者。所以数千字的说明、叙述的文字，有时效力反不及百字内外的描写的文字。小品文的价值大半在此。如果部分的描写，只能收得部分的效果，那就不是好文字。在这个意义上，小品文远比别的长文来得难作。据说，法国雕刻家罗丹雕刻一胸像的时候，先做一全像，完成了再截去手足，而只留下胸部以上的部分。作小品文也非用这样的态度不可。

不要说明的和叙述的，要描写的，要印象的，暗示的；其实这许多话的根本完全相同。说明和叙述必无余情，能描写，自然会成印象的，同时也自然是暗示的了。试看下例：

邻家的柿树今年又结了许多的实了。这家有一个很可爱的小孩。去年这时候，他爬上树去摘那柿子，不小心翻下来了。他哭得不得了，他的父母赶快将他送到医院里去，结果左手带了残疾了。他垂下了左手走过这树旁的时候，总恨恨地对着树看的。真可怜呢！

——《柿树》

这例彻头彻尾是叙述的、说明的，并无趣味，也没有余情，使人读了不过得着一个大概的轮廓，除了说一句"原来如此"以外，并不会起何等的心情。试再看下例：

　　近地的孩子们笑着喊着，忘了一切捉着迷藏。从折手以后，就失了大将地位的芳哥儿，悄然地在他自己门口徘徊，恨恨地对着那柿树的弯曲的枝杈。他是因从这树上翻下，成了一生不可回复的残疾的。

　　圆圆的月亮，从柿树的弯曲的枝杈旁上来了，"月亮弯弯……"芳哥儿用眼角瞟视着在狂耍的侪伴，一面大声地唱了起来，眼泪忽然含不住了。

这例和前例面目就大异，芳哥儿的悲哀，以及好胜的性格、将来的运命等等，都可在此表露，是有余情、有个性的文字。前例是事情的全体，后例却只是一瞬间的光景，而效力上，后者反胜于前者。可知部分的印象的描写，可以暗示全体。前例是地图式的文字，后例却是绘画式的文字。

用了部分去暗示全体，才会有余情。在这里，可以觉悟小品文并不是容易作的，所得部分，要有全体做背景才可以，并且，部分与背景的中间，最好要有有机的、不可分的关系存在。譬如水上浮着的菱，虽只现一小部分的花叶，但水中却有很繁复的部分潜藏着；而水中潜藏着的繁复的部分，和水上所现出的简单的部分还有着不可分的、有机的关系。

暗示是小品文的生命，但所谓暗示可分两部分来看：一是笔法的暗示，一是材料的暗示。前者比较容易，后者实在很难。如能用暗示的笔法去描写暗示的材料，那就是最理想的了。前面所举的崔护的诗，其好处全在他能用暗示的笔法去描写暗示的材料。

第七节　小品文作法上的注意——中心

前面曾说：小品文好像以寡兵抵大敌，非集中兵力，直冲要害不可。又说：如果取整个的多数的材料，不如细密写少数的部分的材料。这里所谓中心，也就是这种态度的别一方面。

所谓中心，就是统一的意思。小品文字数不多，如果再散漫无统一，必致减少效用，没有可以逼人的能力。试看下例：

> 仍不到六时就起来了。因循惯了的我，这几天居然把贪睡的恶癖矫正，足见世间没有什么难事，最要紧的就是克己。克己！克己！校中先生所带讲的"克己"二字的价值，到今方才了解。
>
> 盥洗以后，散步校园，昨夜新晴的天，又下起雨来。满想趁今日星期天出外游耍，现在看去，只好闷居在校里了。"不如意事常八九"，世间大概如此吧。
>
> ——《朝晨》

上例前后二段间并无何等的联络，所说的全是截然不同的事，就是无中心、无统一的文字，令人读了以后，不能得着整个的情味。这样的时候，倒不如把两种材料分作成两篇小品文。

没有中心，文字就要散漫无统一，散漫无统一的文字断不能动人。但所谓中心，不是一定限于事项的统一，事项虽不前后联络，只要情调心情上能统一时，仍不失为有中心的文字。例如：专写西湖的早景，是统一的；但于一短文中如果兼写西湖的早景、夜景、雨景而确能表出西湖风景的情调（地方色）时，仍不失为有统一有中心的文字。试再看下例：

> 狗叫过好几次了，父亲还没有回来。在洋灯旁缝着衣服的母亲，渐渐把针的运动宽松；手中的布也次第流到桌上去了。
>
> 邻家很远，大哥昨日到上海做学徒去了。窗外的风声，犬声，壁上的时钟声，以及母亲的轻微的鼻息声，都觉得使我感着说不出的寂寥。
>
> 狗又叫近来了。母亲很无力地张开眼来，好像吃了一惊了似的，仍旧提起了皱罗罗布来一针一针地缝着。
>
> 夜不觉深了！
>
> ——《夜》

上例材料上并不统一，尽有前后无关系的事项。

但情调却并不散漫，读了可以使人得着一个整个的寂寞无聊的感情。这就是以情调心情为中心的文字。

从此可知文字不可无中心，这中心用事项来做，或是用情调来做，是不必限定的。只要不是杂凑的文字大概自然都有中心可说，因为我们要忠实地写一事实或一情调时，绝不至于说东扯西，弄成无统一的文字的。

第八节　小品文作法上的注意——机智

小品文如奇兵，平板的笔法断难制胜，非有机智不可。我们观察事物，有正面观察和侧面观察二种。正面观察每多平板，常不及侧面观察的来得容易动人。因为正面的部分是大家都知道的，侧面的部分往往为人所不顾及的。能将人所忽略的部分从事观察，文字就容易奇警，而表现也容易成功。

相传有一画师，出了一个《花衬马蹄香》的画题，叫许多学生各画一幅。大多数的学生都从题目的正面着想，画了许多落花，上面再画一个骑马扬鞭的人。这是何等地杀风景呢！有一个聪明学生却不画一片的花瓣，只画一匹马，另外加上许多只随马蹄飞的蝴蝶；画师非常赞许。这是侧面观察成功的一例。

侧面观察就是于事物的普通光景以外，再去找出常人心中所无而实际却有的光景来；这虽有赖于观察力的周到，但基本却在机智的活动。凡是事物，无论如何细小，要想用文字把它表现净尽，究竟是不可能的事。用文字表现，要能使人读了如目见身历，收得印象，全在一二关于某事物的特色。只要是特色，虽很小很微，也足暗示某事物的全体。

例如：梅雨时候，要描写这梅雨天的光景，如果用平板正面的观察的方法来写，不知要用多少字才能写出（其实无论多少字，也写不完全的）。在这时候，假使有人把"蛛网"详细观察，发现"雾样的细雨，把蛛网糁成白色"的一种特别的光景，把这不大经人意的材料和别的事情景况写入文字中，仅这小小的材料，已足暗示梅雨天了。试再看下列各句：

正午的太阳，照得山边的路闪闪地发白光。山脚大松树的树身上流着黄白色的脂浆。

——《暑昼》

日光在窗纸上微微地摇动，落叶掠下来在窗影上画了很粗的黑线。

——《初冬晴日》

　　上二例都是侧面描写，并不琐碎地把暑日或初冬的光景来说，而暑日或初冬的光景却已活现了。

　　以上是从机智的一方面的说明。机智还可从别一方面说：就是文字有精彩的部分，和平常的部分可区别。文字坏的，或者是句句都坏；文字好的，却不是句句都好。一篇文中，有几句甚或只有一句好的，有几句平常的。在好的文字中，这好的几句的位置，常配得很适当。

　　在平常的文字中，加入几句使成好文字，这种能力是作文者大概必须的。特别地在作小品文时，这能力格外重要。在小品文中，要有用一句使全体振起的能力才好。试看下例：

　　弱小的菊科花开出来使人全不经意，却颤颤地冷冷地铺满了庭阶。无力的晚阳，照在那些花的上面，着实有些儿寒意。原来秋已来了。

——叶绍钧《母》

这文末句，是使全体统一收束的，在文中很有力量。如果没有末一句，文字就要没有统一，没有余情了。又如：

正坐在椅子上诵读英文，忽然一个蚊子来到脚膝下；被它一刺，我身一惊，觉得很难忍；急去拍时，已经飞去了。没有多少时候，仍旧飞近我身边，做嗡嗡的叫声。我静静地等它来，果真它回到原处，它伸直了脚，用口管刺入我的皮肤，两翼向上而平，好像在那里用着它的全副精神似的。我拍死了它，那掌上粘湿了的血水，使我感得复仇的愉快和对于生命的怜悯。

——某君《蚊》

这篇所以还算好的，关系全在末一句。如没有末一句，全体就没了意义。以上二例都是以末一句使全文振起的，其实有力的句子并不一定限于放在末了。

以上虽就描写文而说，其实所谓侧面观察，所谓一句使全文振起，不单限于描写文，在议论、感想等类的文字中，也很必要。在议论文感想文中，所谓"警句"者，大都是侧面观察成功的，有振起全文的能力的。例如：

> 戏子们何等幸福啊！他们自己随意选择了扮作喜剧或扮作悲剧，要苦就苦，要乐就乐，要笑就笑，要哭就哭。在实生活上却不能这样。大抵的男女都被强迫了做着自己所不愿做的角色。这个世界是舞台，却没有好戏。
>
> ——王尔德

> 一日一日地过去，无论哪一日，差不多都是空虚，厌倦，无聊，在后也不留什么的痕迹！一日一日地过去，这些时间，原实是无意味无智的东西，然而人总希望共同生存。他们赞美人生。他们将希望摆在人生上面、自己上面，及将来上面。啊！他们在将来上面期待着怎样的幸福啊！
>
> 那么为什么，他们认作来日不像正在过着的

今日一样呢？

　　不，他们并未想过这样的事，他们全不喜想，他们只是一日一日地过去。

　　"啊！明日，明日！"他们只是这样自慰，直到"明日"将他们投入坟墓中去为止。

　　可是一等入了坟墓，他们也就早已不想了。

——屠格涅夫

　　上二例都是名文，寥寥数言中，实已喝破真理的一面。其末句都很有力，使人读了怒也不是，哭也不是，笑也不是，不知如何才好。又本章第一节所举的《鸡》，差不多全体是警句，可以参照。

第九节　实际做例和添削

（一）第一步

　　文有用了想象做的，如冒险小说之类，其中所描写的都非作者目见亲历之境，只是想象的产物。就是普通文字中，也不无想象的分子夹杂。但初学的人用想象作文，实不如从观察作文稳当。观察第一要件在真实，观察力若尚未养成，所想象的也难免不合实际。如画家然，必先从摹写实物、人体入手，熟悉各种形态、骨骼、筋肉的变化，然后可从事创作。

但是眼前的材料很多，从哪里观察起呢？这本不成问题，所以发生这疑问实由于着手就想创作名文的缘故。老实说，名文并不是一蹴可就的。在初时，最好就部分的平凡事物中搜集材料，逐渐制作，渐渐地自会熟达，成近于名文的文字。文字的好坏本不在材料的性质，而在表现的技能。善烹调的无论用了怎样平常的原料，也能做出可口的肴馔来。世上森罗万象，一入能文者的笔端就都成了好文章了。

（二）由材料到成文字

无论什么材料都可用，只要仔细观察了，把它写出来就成文字；这样说法，作文不是很容易的吗？其实这是大大的难事。写出原是容易，但要将自己所观察得的依样传给别人，使别人也起同样的心情，这却很难；并且不如此，文字就没了意义了。

现在试示一二做例吧：

假定我们观察春日的田野，在笔记本上，得到下列的材料：

（1）草青青地长着，草上有两个蝴蝶在那里翩翩飞舞，一个是黄蝴蝶，一个是白蝴蝶。

（2）小川潺潺流着，水面被日光反射成银白色。

（3）远远的树林晕成紫色，其上飘着蓬蓬的白云。

（4）两个老鹰在空中回旋，不时落近到地面来。

（5）温风吹在身上，日光照在头上，藉草坐了，竟想睡去，我不禁立了唱起歌来了。

材料有了，更要把这材料连缀起来成为文字。那么怎样连缀呢？先就全体材料的性质考察：草——蝴蝶——小川——树林——云——老鹰——温风——日光。这里面，树林和云是远景，老鹰也比较地不近，草、蝴蝶、小川是最和作者相近的。照普通的顺序，先说近的，后说远的，原来的排列似乎也没大错。但依原形连缀拢来，究竟不成文章：第一，接合不稳；

第二，词句未净。

（1）句虽明了，但是不干净，多冗词。"草""草上""两个蝴蝶""黄蝴蝶""白蝴蝶"相同的名词叠出，文趣不好；应改削如下：

> 青青的草上，有黄白二蝶翩翩飞舞。

这样就够了。（2）没有什么可删，原形也可用。不过突然与（1）联结，文有点不合拍。如果加入一句"草的尽处"，连接起来就不突兀，并且景色也较能表出。

其次是（3）和（4）了。这二者要互易顺序，景物才能统一，为了与上文连接及表出春日的心情起见，上加一句"抬起倦眼仰望"，更得情味。其余一仍其旧，将全体连缀起来如下：

> 青青的草上，有黄白二蝶翩翩飞舞。草的尽处，小川潺潺流着，水面被日光反射成银白色。
>
> 抬起倦眼仰望，两个老鹰在空中回旋，不时落近在地面来。远处的树林晕成紫色，其上飘着蓬蓬的白云。

温风吹在身上，日光照在头上，藉草坐了竟想睡去，我不禁立了唱起歌来了。

这样，文虽不工，但繁词已去，连接也无大病，春野的景色，春日的情感，已能表出若干了。

再示一例吧。假如有这样的一篇学生日记：

某月日，星期。

早晨，近处有一小孩被车子碾伤，门前大喧扰。我只在窗口望了一望，不忍近视。后来知道，这受伤的小孩是某家的独子，送入病院以后即受手术，但愿能就医好。

正预习着明日的功课，李君来了。乃相与共同预习。

所预习的是英语。二人彼此猜测先生的发问，不觉都皱了眉。

午餐与李君谈笑共食。

午后到李君家，适他家有亲戚来，李君很忙，我就回来了。

傍晚无事。

灯下继续预习毕，翻阅小说，至敲十一点钟，始惊觉就寝。

先就第一节看，所记的是偶发事项，与自己无直接关系；似乎是可记可不记的材料。如果要记，应只用简洁的词句，不应这样冗长。可改削如下：

早晨，有一个小孩在门口被车子碾伤。附近大喧扰。听说就送入医院去了。

这样已够，再改作如下，则更好：

早晨，有一个小孩在门口被车子碾伤，为之怆然。

"为之怆然"这是感情的语句。加入了可以表出当时的心情。这种表示感情的语句，要简劲有余情，能含蓄丰富才好。

再检查第二节。这节中末句"皱了眉"很好，但开端太冗滞，宜改削如下：

正预习明日的英语，李君来了。乃相与共同预习。彼此猜测先生的发问，不觉皱了眉。

原文，"预习"两见，"所预习的是英文"，是无谓的说明。改作如上，就比较妥当了。

第三节无病。第四节"他家有亲戚来"云云，也与自己无关系，可省略，改如下：

午后因送李君，顺便一到他家就归。

第五节的"傍晚无事"全是废话；无事，无事就是了，何必声明呢？当全删。

第六节无病；末句能表出情味，不失为佳句。

第十节　分段与选题

（一）文的分段

文字的分段和句逗性质一样，同是表示区划的。

最小的区划是逗，其次是句，再其次是段。有时还有空一行另写，表示比段更大的区划的。

分段不但使文字易读，且使文字有序不紊。分段有长有短，原视人而不同，但大体也有一定的标准，就是要每段自成一段落。用前节的例来说：

青青的草上，有黄白二蝶翩翩飞舞。草的尽处，小川潺潺流着，水面被日光反射成银白色。

抬起倦眼仰望，两个老鹰在空中回旋，不时落近在地面上来，远处的树林，其上飘着蓬蓬的白云。

温风吹在身上，日光照在头上，藉草坐了竟想睡去，我不禁立了唱起歌来了。

这文是分作三段写成的。第一段着眼近处，第二段着眼远处，两不相同，所以换行另写。第三段是心情的抒述和前二段叙述事物的又不同，所以再别作一段。换一着眼点，就把文字分段，这是普通的标准。

所要注意的就是标准只是相机而定的。例如上文第一段所包含的事物有草、蝶、小川三项；如果在全文描写精细，不这样简单的时候；那么由草而蝶，由蝶而小川，都可说是着眼点的更换，就都应分段了（下面二段也是这样）。上文所以合为一段，一因文字简单，二因所写的都是近景的缘故。

分段还有把每段特别提出的意思，能使分出的文字增加强度。有时，往往因为要想使某文句增加强度，特意分行写列的。试看下例：

　　K君从车窗探出头来说"再会"，我也说了一声"再会"，不觉声音发颤了。K君也把眼圈红了起来。汽笛威吓似地一作声，车就开动。我目送那车的移行，不久被树林遮阻，眼前只留着一片的野原。

　　啊！K君终于去了。

　　我不觉要哭起来了。

这文末二句原可并为一段的，却做二行写着。分段以后，语气加强，连全文都加了强度了。能适当分段也是文章技巧之一，但须入情合理，不可无谓妄饰。

（二）题的选择

文字中，有先有题目，后有文字的；有先有文字，后有题目的。旧式文字往往先有题目，随题敷衍。其实，好的文字都是作者先有某种要写的事物或思想情感，如实写出，然后再加题目的。特别地在小品文应该如此。

题目应随文的内容而定，自不容说。但陈腐的题目不能令人注目，有时因题目陈腐，使本文也惹了陈腐的色彩。过于新奇呢，又易使读者读了本文失望。所以题目非推敲斟酌不可。

举例来说：前节所列春日写景的文字，如果要定起题目来是很多的，《春野》《春景》《游春》等等都可以。但我以为不如定为《藉草》来得切实而不落陈套。

在小品文中，文字须苦心制作，题目也须苦心制作。题的好坏，有时竟有关于文的死活。尽有文字普通，因了题目的技巧，就生出生气来的。

今天母鸡又领了一群小鸡到篱外来了。其中最弱的一只，赶不上其余的，只是郎当地在后跟着。忽然发出异常的叫声，挣扎飞奔，原来后面来了一只小狗。母鸡回奔过来，绕在那小鸡后面，向小狗做着怒势。小鸡快活地奔近兄弟旁边去，小狗慑于母鸡的威势，也就逃走了。

——《亲恩》

这文材料很普通，文字也没有十分大了不得，但《亲恩》这题目实有非常的技巧。因了题目好的缘故，平凡的本文也成了奇警了。这是用题目来振起全文的一例。

附录

作文的基本的态度

我曾看了不少关于文章作法的书籍，觉得普通的文章，其好坏大部分和态度问题有关；只要能了解文章的态度，文章就自然会好，至少可以不致十分不好。古今能文的人，他们对于文章法诀各有各的说法，一个说这样，一个说那样，但是千言万语，都不外乎以读者为对象，务使读者不觉苦痛厌倦而得趣味快乐。所谓要有秩序，要明畅，要有力等等，无非都是想适应读者的心情。因为离了读者，就可不必有文章的。

要使文章能适合读者的心情，技巧的研究原是必要，态度的注意却比技巧更加要紧。技巧属于积极的修辞，大部分有赖于天分和学力；态度是修辞的消极的方面，全是情理范围中的事，人人可以学得的。要学文章，我以为初步先须认定作文的态度。作文的态度就是文章的 ABC。

初中的学生，有的文字已过得去，有的还不大好。现在作文用语体，只要学过了语法的，语句上的毛病当然不大会有；而平日文题又很有自由选择的余地，何以还有许多的毛病呢？我以为毛病都是由态度不对来的。态度不对，无论加了什么修饰或技巧，文字也不能像样，反觉讨厌。好像五官不正的人擦上了许多脂粉似的。

文章的态度可以分六种来说。我们执笔为文的时候，可以发生六个问题：

（一）为什么要作这文？

（二）在这文中所要述的是什么？

（三）谁在作这文？

（四）在什么地方作这文？

（五）在什么时候作这文？

（六）怎样作这文？

用英语来说，就是 Why？ What？ Who？ Where？ When？ How？ 六字可以称为"六 W"。现在试逐条说述。

（一）为什么要作这文？

这就是所以要作这文的目的。例如，这文是作了给人看的呢，还是自己记着备忘的？是作了劝化人的呢，还是想使人了解自己的意见，或是和人辩论的？是但求实用的呢，还是想使人见了快乐、感得趣味的？是试验的答案呢，还是普通的论文？诸如此类，目的可各式各样，因了目的如何，作法当然不能一律。普通论文中很细密的文字，当作试验答案就冗琐讨厌了。见了使人感得趣味快乐的美文，用之于实用就觉得不便了。周子的《爱莲说》，拿到植物学中去当关于说明"莲"的一节，学生就要莫名其妙了。所取的题目虽同，文字依目的而异，认定了目的，依了目的下笔，才能大体不误。

（二）在这文中所要述的是什么？

这是普通所谓题义，就是文章的中心思想。作文能把持中心思想，自然不会有题外之文。例如在主张男女同学的文字中，断用不着"乾道成男，坤道成女"，"男子三十而娶，女子二十而嫁"等类的废话。在记述风灾的文字，断不许有飓风生起的原因的科学的解释。我在某中学时，有一次入学试验，我出了一个作文题《元旦》，有一个受试者开端说"元旦就是正月一日，人民于此日大家休息游玩……"等类的话，中间略述社会欢乐情形，结束又说"……不知国已将亡……凡我血气青年快从今日元旦觉悟……"等，这是全然忘了题义的例。

（三）谁在作这文？

这是作者的地位问题，也就是作者与读者的关系问题，再换句话说，就是要问以何种资格向人说话。例如：现在大家同在一个学校里，假定这学校还没有高级中学，而大家都希望添办起来，将此希望的意思，大家作一篇文字，教师的文字与学生的文字，是应该不同的。校长如果也作一篇文字，与教师学生的亦不相同。一般社会上的人，如果也提出文字来，更加各各不同。要点原是一致，而说话的态度、方法等等，却都不能不异的。同样，子对于父和父对于子不同，对一般人和对朋友不同，同是朋友之中，对新交又和对旧交不同。记得有一个笑话，有一学生写给他父亲的信中说："我钱已用完，你快给我寄十元来，勿误。"父亲见信大怒，这就是误认了地位的毛病了。

（四）在什么地方作这文？

作这文的所在地也有认清的必要，或在乡村，或在都会，或在集会（如演说），或在外国，因了地方不同，态度也自须有异。例如在集会中，应采眼前人人皆知的材料；在乡村应采乡村现成的事项；在国外，用外国语；在国内，应用本国语（除必不得已须用外国原语者外）。"我们的 father""你的 wife"之类，是怪难看难听的。

（五）在什么时候作这文？

这是自己的时代观念，须得认清的。作这文在前清，还是在民国成立以后？这虽是大家都知道的事，但实际上还有人没了解。现在叹气早已用"唉"音了，有许多人还一定要用"呜呼""嗟乎"；明明是总统，偏叫作"元首"；明明是督军，却自称"疆吏"；往年黎元洪的电报甚至于使人不懂，这不是时代错误是什么？

（六）怎样作这文？

上面的五种态度都认清了，然后再想作文的方法。用普通文体呢，还是用诗歌体？简单好呢，还是详细好？直说呢，还是婉说？开端怎样说？结末怎样说？先说大旨，后说理由呢，还是先说事实，后加断定？怎样才能使我的本旨显明？怎样才能免掉别人的反驳？关于此种等等，都须自己打算研究。

以上六种，我以为是作文时所必须认清的态度，虽然很平凡，却必须知道，把它连接起来，就只是下面的一句话：

> 谁对了谁，为了什么，在什么地方，什么时候，用什么方法，说什么话。

如果所作的文字依照这里面的各项检查起来，都没有毛病可指，那就是好文字，至少不会成坏文字了。不但文字如此，语言也是这样。作文说话时只要能够留心这"六W"，在语言文字上就可无大过了。

论记叙文中作者的地位并评现今小说界的文字

　　普通文字的体裁，一般分为议论、说明、记事、叙事四种。这分类虽由于文字的表面的性质，其实内部还含有作者的态度上的不同。就是作者自己在文中现出不现出的问题。在议论文中，所列的完全是作者对于某事物的判断，作者完全现出在文里；说明文，是以作者的见解来解释某事物的，作者也现出在文中，不过程度较差罢了。至于记事文与叙事文，乃如实记述事物的文字，态度纯属客观，作者在文字上无现出的必要，并且现出了反足以破坏本文的调子。因为记叙文的使命，不在议论某事物的好坏、解释某事物的情形理由，乃在将作者对于某事物的经验如实传给读者，使读者从文字上也得同样的印象。这时候作者所处的只是个媒介的地位。媒介虽有拉拢男女之功，然在已被拉拢的男女之间，却是大大的障碍物，非赶快躲避一旁不可的。

在这里，恐怕有人要问："那么作者在记叙文中不能发挥自己的人格个性了吗?"我的回答很是简单，就是作者得因了文字暗示他的人格个性，而在文字的形式上，决不许露出自己的面目来。"郑伯克段于鄢"，孔子虽在"克"字上表示许多深意，然在文字的形式上，除记叙以外却不占着地位。荷马的人格个性虽可从《伊里约特》或《阿突西》等作品中想象仿佛，但从文字的形式上却没有羼入着自己的解释或议论。

除用了像上文所说的方法暗示作者的人格个性外，记叙文中实不容作者露出自己的面目；要露出自己的面目，非在本文以外另起炉灶不可。历史中的"太史公曰""赞曰"等语以下的文字完全是议论性质，和正文本纪列传中的文字异其态度了的。

记叙文在文字的形式上要看不出有作者在，方能令人读了如目见身历，得到纯粹的印象。一经作者逐处加入说明或议论，就可减杀读者的趣味。其情形正如恋爱男女喁喁情话着，媒介者突然露出面影来羼入障害一样。凡是好的记叙文，大都是在形式上看不出有作者的。

> 楚子登巢车以望晋军。子重使大宰伯州犁侍于王后。王曰："骋而左右，何也?"曰："召军吏也。""皆聚于中军矣!"曰："合谋也。""张幕矣!"曰："虔卜于先君也。""彻幕矣!"曰："将发命也。""甚嚣且尘上矣!"曰："将塞井夷灶而为行也。""皆乘矣! 左右执兵而下矣!"曰："听誓也。""战乎?"曰："未可知也。""乘而左右皆下矣!"曰："战祷也。"

这是《左传》中叙鄢陵之战的文字中的一节，可谓记叙文中典型的文字。其所以为典型的，就在作者不露面目，能使读者恍如直接耳闻楚子与伯州犁的对话。古来所谓好的记叙文中也有偶然于记叙中突然加入说明的，但真是很少，并且也只一二句，混入不多。例如《项羽本纪》中：

> ……项王即日因留沛公与饮，项王项伯东向坐，亚父南向坐。〔亚父者范增也。〕沛公北向坐，

张良西向侍。……

　　章邯令王离涉间围距离，章邯军其南，筑甬道而输之粟，陈余为将，将卒数万人而军巨鹿之北。〔此所谓河北之军也。〕

又如《左传·宣四年传》：

　　初若敖娶于，生斗伯比，若敖卒，从其母畜于，淫于子之女，生子文焉。夫人使弃诸梦中，虎乳之、子田，视之，惧而归，夫人以告，遂使收之。〔楚人谓乳谷，谓虎于菟故命之曰斗谷于菟。〕以其女妻伯比。实曰令尹子文。

　　上面括号内的句子，都与上下别的句子态度不同：别的是记叙，括号内的却是作者加入的说明了。我对于这种句子另有一个解释，以为不足为病。原来这种句子如果在现在都是夹注性质，应用括号或搭附标，列在本文以外，古人尚无这种便利的符号，所以混入正文罢了。试看，把上例括号中的句子括出之后，上下文仍是衔接的。

记叙文应以不露作者面目为正宗，从前流行的"夹叙夹议"究属滥调。我国从来文人叙述一悲哀的事实，末尾常有"呜呼悲矣"的附加语；描写一难得的人物，往往用"呜呼！可以风矣"煞脚。其实，这是作者对于读者的专制态度。作者的任务只要把是悲或可风的事实如实写出，传给读者就够，至于悲不悲，被风不被风，都属于读者的自由，不必用了谆谆教诲的态度来强迫的。

我喜读《孔雀东南飞》，但对于末尾的"多谢后世人，戒哉慎勿忘"二句，常感不快，以为总是缺陷，不如没有了好。因为作者在这二句中突然伸出头来了。同是描写兵祸的诗，我喜读杜甫的《石壕吏》，而不甚喜读白乐天的《新丰折臂翁》。因为前者纯系记叙性，后者的末尾一段："君不闻，开元宰相宋开府，不赏边功防黩武；又不闻，天宝宰相杨国忠，权求恩幸立边功；边功未立人生怨，请问新丰折臂翁。"完全是作者自己在那里说话，突然露出了面目的。《新丰折臂翁》是《新乐府》五十首之一，据白乐天自序，这五十首是"为君为臣为民为物为事而作，不为文而作"的。

不用说，记叙文中也有以作者自身为对象的。但这只限在文体"自序"或第一人称的小说的时候。这时作者完全与读者对面，作者就是文中的主人翁，一切都用了告语的态度写出。其情形与作者自己做了媒介传给外界某事物的光景于读者时，完全不同的。用主观的态度或第一人称到底，可以，用客观的态度或第三人称到底，也可以。所可非议的只是明明是客观的态度或第三人称的文字，突然作者伸出头来，把主观的或第一人称的态度夹杂进去，使文字失其统一。

中国旧小说中，这种不统一之处很多。作者用了"可以戒矣""可以风矣"的态度含着劝惩主义的不必说，即在文字的形式上，作者时时出头。先就小说文字的腔调看，有下面种种的例可指：

"却说"，"正是"，"未知后事如何，且听下回分解。"

"前人有诗曰……"或"有诗为证。"

"说时迟，那时快。"

"闲言不表，且归正传。"

"也是合当有事。"

这类词句都是作者的口气，就是作者在文中时时现出了。以上还不过就常用的腔调说，正文中同样的缺陷也几乎随处皆有。试以《红楼梦》为例：

〔第四回中既将薛家母子在荣府中寄居等事略已表明，此回则暂不能写矣，如今且说〕林黛玉自在荣府，一来贾母万般怜爱，寝食起居一如宝玉……

（第五回）

……宝玉笑而不答，一径同秦钟上学去了。〔原来这义学也离家不远，原系当日始祖所立，恐族中子弟有不能延师者，即入此中读书。凡族中为官者皆有帮助银两以为族中膏火之费，举年高有德之人为塾师。〕如今秦宝二人来了，一一的都互相拜见，读起书来。……〔原来这学中虽多是本族子弟与些亲戚家子侄，俗语说得好："一龙一种，种种各别。"未免人多了，就有龙蛇混杂下流人物在内。〕自秦宝二人来了，都生得花朵儿一般模样……

（第九回）

......金荣只顾得意乱说，却不防还有别人，〔谁知〕早又触怒了一个人。〔你道这人是谁？原来这人名唤贾蔷，亦系贾府中之正派玄孙……〕

（同上）

再以《水浒》为例：

......十五人眼睁睁地看着那七个人都把金宝装了去，只是起不来，挣不动，说不得，〔我且问你，这七人端的是谁？不是别人，原来正是晁盖，吴用，公孙胜，刘唐，三阮这七个，恰才那个挑酒的汉子，便是白日鼠白胜。却怎样地用药？原来挑酒上冈子时，两桶都是好酒。七个人先吃了一桶，刘唐揭起桶盖，又兜了半瓢吃。故意要他们看着，只是叫人死心塌地。次后吴用去松林里取出药来抖在瓢里；只做走来饶他酒吃，把瓢去兜时，药已搅在酒里，假意兜半瓢吃，那白胜劈手夺下，倾在桶里。——这个便是计策。那计较都是吴用主张，这个唤做"智取生辰纲"。〕

（第十五回）

那妇人回到家中……每日却自和西门庆在楼上任意取乐……这条街上远近人家无有一人不知此事，却都怕惧西门庆那厮是个刁徒泼皮，谁肯来多管！〔常言道"乐极生悲，否极泰来。"光阴迅速，前后又早四十余日。〕却说武松自从领了知县言语……

（第二十五回）

够了，不必多举了。把上面括号中的部分和不加括号的部分合读起来，很足使人感到不调和的缺陷。我也认《红楼梦》与《水浒》是有价值的小说，但对于这样的笔法，总觉有点不满。在近世别国的小说中是找不出这样的手法的。

以上是我个人对于记叙文的见解和对于旧文艺的不满的表示。以下试以这见地来评现在新作家的创作。在这里，我先要声明二事：（一）我所评的不是作品全体，只是作品的形式部分——文字而已。（二）我因无暇无钱，不能普遍地搜罗现今当世诸作家的作品来读，所经眼的作品只是很有限的几篇。

现今诸家的作品，手法上、体裁上，大家都已力求脱去旧套，摹仿他国的了。但就我所见到的有限的若干作品中，似乎还有许多地方未能脱尽旧式，有着我所谓不统一的瑕疵的。例如鲁迅的《风波》中：

老人男人坐在矮凳上，摇着大芭蕉扇闲谈，孩子飞也似地跑，或者蹲在乌桕树下赌玩石子。女人端出乌黑的蒸干菜和松花黄的米饭，热蓬蓬冒烟。河里驶过文人的酒船，文豪见了大发诗兴，说："无思无虑，这真是田家乐啊！"

〔但文豪的话有点不合事实，就因为他们没有听到九斤老太们的话。〕这时候九斤老太正在大怒……

又如郁达夫的《沉沦》中：

第一高等学校将开学的时候，他的长兄接到了院长的命令要他回去。他的长兄便把他寄托在一家日本人的家里。几天之后，他的长兄长嫂和他的新生的侄女就回国去了。

〔东京的第一高等学校里有一班预备班，是为中国人特设的。在这预科里预备一年卒业之后才能入各地高等学校的正科，与日本学生同学。〕他考入预科的时候，本来填的是文科，后来将在预科卒业的时候，他的长兄定要他改到医科去，他当时亦没有什么主见，就听了长兄的话把文科改了。

〔在生活竞争不十分猛烈，逍遥自在，同中古时代一样的时候，在风气纯良，不与市井小人同处，清闲雅淡的地方，过日子正如做梦一般。〕他到了 N 市之后，转瞬之间，已经有半载多了。

又如叶绍钧的《潘先生在难中》中：

不知几多人心系着的来车居然到了。闷闷的一个车站就一变而为扰攘的境界，〔来客的安心，候客者的快意，以及脚夫的小小发财，我们且都不提，单讲一位从让里来的潘先生。〕他当火车没有驶进站场之先，早已调排得十分周妥，他领头，右手提着黑皮包，左手牵着个七岁的孩子。七岁

的孩子牵着他的哥哥，〔今年九岁。〕哥哥又牵着
他的母亲，潘师母。潘先生说人多照顾不齐，这
么牵着，首尾一气，犹如一条蛇，什么地方都好
钻了。他又屡次叮嘱，教大家握得紧紧，切勿放
手，尚恐大家忘了，又屡次摇荡他的左手，意思
是教他把这个警告打电报一般一站一站递过去。
〔首尾一气诚然不错，可是也不能全然没有弊端。
火车将停时所有的客人和东西，都要涌向车门，
潘先生一家的一条蛇是有点尾大不掉了。〕

　　这都是第三人称的小说，而于中却夹入着作者主
观的议论或说明，就是作者忽然现出。文字在形式上
失了统一，应认为手法上的不周到，须改善的。这种
文例，据我所见到的着实还不少，反正是同样的例，
不多举它。
　　此外，诸家的作品中，还有表面上似不犯上面所
说的缺陷，而骨髓里却含有同样不统一的毛病的，例
如冰心的《超人》中所列的厨房里跑街的十二岁的孩
子禄儿在花篮中附给主人公何彬的信：

我也不知道怎样可以报先生的恩德，我在先生门口看了几次，桌子上都没有摆着花儿——这里有的是卖花的。不知道先生看见过没有——这篮子里的花，我也不知道是什么名字，是我自己种的，真是香得很，我最爱它。我想先生也必是爱它，我早就要送给先生了，但是总没有机会，昨天听说先生要走了，所以赶紧送来。

　　我想先生一定是不要的。然而我有一个母亲，她因为爱我的缘故，也很感激先生。先生有母亲么？她也是一定爱先生的。这样，我的母亲和先生的母亲是好朋友了。所以先生必受母亲的朋友的儿子的东西。

禄儿叩上

　　姑勿论贫苦的禄儿能否识字写信，即使退若干步说，禄儿曾识字能写信，但这样拗曲的论调，究竟不是十二岁的小孩的笔端所能写得出的，揆诸情理殊不可通。其病源完全与上述各例一样，是作者在作品中露出马脚来。不过一是病在表面，一是病在内部罢了。

　　易卜生的《娜拉》中，哈尔茂称娜拉为"小鸟"，为"可爱的小松鼠",为"可爱的云雀"。马克斯诺尔道（Max Nordau）在《变质论》中批评他说："这是银行经管，辩护士，同居八年了的丈夫，对于已经做了三个子女的母亲的妻所应有的口吻吗？"

套这口气，我对于上面的信，也要发同样的疑问："这信是厨房徒弟，十二岁的小孩所作的文字吗？"章实斋的《古文十弊》里说：

> 文人固能文矣，文人所书之人不必尽能文也。叙事之文，作者之言也，为文为质，惟其所欲，期如其事而已矣。记言之文，则非作者之言也，为文为质，期于适如其人之多，非作者所能自主也。名将起于卒伍，义侠或奋闾阎，言辞不必经生，记述贵于宛肖。而世有作者，于此多不致思，是之谓优伶演剧……

这虽为"古文"而说，我以为实是普通记述文字应守的律令。上例正犯了此律令。

又有不但部分上态度不一致，全篇犯着不统一的毛病的。例如《创造周报》（第十三期）全平的《呆子与俊杰》。依理，要对于全篇加批评，应把原作全体抄录。为避烦计，只得摘取开端和结尾，显出其全文形式上的态度。并且，我以为但看开端和结尾就够。因为已可看出全文形式上的口气了。原作开端一节是：

当去年暑假到来的时候，我的乡人C君在平民教养院所获得的美缺，被他的友人H君占去了。

结尾一节是：

暑假到了，识时务的俊杰H君代替C君占了教养院的美缺了，不合时宜的呆子C君茫然地离开了教养院，绝无留恋。他把他曾进行的艰巨的交际工程完全抛弃了。他开始了在俊杰的对面度那寂寞孤独而被人讥讽的呆子的生涯。

因为文字在叙述上是逆行的，所以结尾仍旧说到开端所说的事情为止。详细请看原作。就这开端和结尾二节看，就可知道C君在文中是主人公，H君是副主人公，语气是第三人称的。以下就依了这些条件来加以批评。

全篇称"C君""H君"，则作者立在旁面观察的地位可知，这文中的人名下加称呼，完全是普通称呼性质，和叶绍钧的《潘先生在难中》的"潘先生"性质不同。叶的"潘先生"已是专称，和通常称潘某某没甚两样。这文里的称"君"，纯粹只是普通称呼。

依上面的立脚点说，原作中凡叙述主人公内生活的处所，几乎全体发生冲突了。例如：

大会早已散了。C君和H君并坐在"一路"电车中。他〔满怀快乐，满脸高兴。〕……

"满脸高兴"是旁观者看得出的，至于"满怀快乐"，依上列的条件似乎是有点通不过去了。更有甚者：

电车到了静安寺，他们俩走下车来，步行回去，途中C君想：H君的话确有几分道理……

试问，作者何以知道C君在想？在这样想呢？这样一一检查，几乎全篇各处都要逢到同类的困难了。

我以为这困难完全在用了一"君"字的缘故，因为"君"字的背后，露出有作者的地位的。

原来在第三人称的小说作者的立点有三：一是全知的视点（The omniscient point of view）；二是制限的视点（The limited point of view）；三是纯客观的视点（The rigidly restricted point of view）。在全知的视点中，作者好似全知全能的神，从天上注视下界。作品中一切人物的内心秘密无不知道。一般描写心理的小说，作者如果不完全立脚于这态度，就在情理上通不过去。制限的视点，是把全知的视点缩小范围，只在作品中一人物上，行使其全知的权利，凡借了作品中一人物（主人公）而叙述一切者皆是。纯客观的视点范围更狭，作者绝不自认有全知的权利，对于作品中人物但取客观的态度而已。

上例既称"C君""H君"，当然是属第三的纯客观的视点的文字，作品中人物的内心生活，实无知道的权利。若欲改为第一的全知的视点，或第二的限制的视点，则不应称"君"。但称 C 和 H 就是了。"君"的称呼，实是原文中致命的伤点。

以上是我因了个人的记叙文的见解，对于现今小说界文字上的批评。论理我于指摘缺点以外，应再举国内或国外的小说中的正例来证明己说。但这有好几个难点，举全文呢，不但不胜其烦，且不知举谁的哪一篇好；举一节呢，又恐读者要发生"以偏盖全"的怀疑，以为一节的无病，不能证明全文的也都无病，不得已只好不举了。据我个人所知，别国名小说中是少见有这样不统一的文字的。

我在国文科教授上最近的一信念——传染语感于学生

　　无论如何设法，学生的国文成绩总不见有显著的进步。因了语法、作文法等的帮助，学生文字在结构上、形式上，虽已大概勉强通得过去，但内容总仍是简单空虚。这原是历来中学程度学生界的普通的现象，不但现在如此。

　　为补救这简单空虚计，一般都奖励课外读书，或是在读法上多选内容充实的材料。我也曾如此行着，但结果往往使学生徒增加了若干一知半解的知识，思想愈无头绪，文字反益玄虚。我所见到的现象如此，恐怕一般的现象也难免如此吧。

　　近来，我因无力多购买新书，时取以前所已读而且喜读的书卷反复重读，觉得对于一书，先后所受的印象不同，始信"旧书常诵出新意"是真话。而在学生的教授上，也因此得了一种新的启示，以为一般学生头脑上的简单、空虚，或者可以用此救济若干的。

我现在的见解以为：无论是语是句，凡是文字都不过是一种寄托某若干意义的符号。这符号因读者的经验能力的程度，感受不同：有的所感受的只是其百分之一二，有的或者能感受得更多一点，要能感受全体那是难有的事。普通学生在读解正课以及课外读书中，对于一句或一语的误解不必说了，即使正解，也绝非全解，其所感受到的程度必是很浅。收得既浅，所发表的也自然不能不简单空虚。这在学生实在是可同情的事。

举例来说，"空间"一语是到处常见的名词，但试问学生对于这名词的了解有多少的程度？这名词因了有天文学的常识与否，了解的程度大相径庭。"光的速度，每秒行十八万里，有若干星辰，经过四千年，其所发的光还未到地球。"试问在没有这天文学常识的学生，他们能如此了解这名词吗？在学生的心里，所谓"空间"，大概只认为是屋外仰视所及的地方吧。同样，"力"的一语在学生或只解作用手打人时的情形吧；"美"的一语，在学生或只解作某种女人的面貌的状态吧。

以上是就知的方面说的，情的方面也是如此。我有一次曾以《我的家庭》为题，叫学生作文。学生所作的文字都是"我家在何处，有屋几间。以何为业，共有人口若干……"等类的文句，而对于重要的各人特有的家庭情味，完全不能表现。原来他们把"家庭"只解作一所屋里的一群人了！"春""黄昏""故乡""母亲""夜""窗""灯"，这是何等情味丰富、诗趣充溢的语啊，而在可怜的学生心里，不知是怎样干燥无味、煞风景的东西呢！

不但国文科如此，其他如数学科中的所谓"数"和"量"，理科中的所谓"律"和"现象"，历史中的所谓"因果"和"事实"等等，何尝能使学生有充分的了解？

要把一语的含义以及内容充分了解，这在言语的性质上，在人的能力上，原是万难做到的事。因为一事一物的内容本已无限，把这无限的内容用了一文字代替做符号，已是无可如何的办法。要想再从文字上去依样感受它的内容，不用说是至难之事。除了学生自己的经验及能力以外，什么讲解、说明、查字典，都没有大用。夸张点说，这已入了"言语道断"的境地了。

真的！要从文字去感受其所代表事物的全部内容，这是"言语道断"之境。在这绝对的境界上，可以说教师对于学生什么都无从帮助。因为教师自身也并未能全体感受任何一文字的内容。其实，世间绝没有能全体感受任何一文字的内容的人，所不同的只是程度之差罢了。数学者对于数理上的各语所感受的当然比普通人多。法律学者对于法律上的用语，其解释当然比普通人来得精密。一般做教师的，特别的是国文科教师，对于普通文字应该比学生有正确丰富的了解力。换句话说，对于文字应有灵敏的感觉。姑且名这感觉为"语感"。

在语感锐敏的人的心里，"赤"不但只解作红色，"夜"不但只解作昼的反对吧。"田园"不但只解作种菜的地方，"春雨"不但只解作春天的雨吧。见了"新绿"二字，就会感到希望焕然的造化之功、少年的气概等等说不尽的情趣。见了"落叶"二字，就会感到无常、寂寥等等说不尽的诗味吧。真的生活在此，真的文学也在此。

自己努力修养，对于文字，在知的方面、情的方面，各具有强烈锐敏的语感，使学生传染了，也感得相当的印象。为理解一切文字的基础，这是国文科教师的任务。并且在文字的性质上，人间的能力上看来，教师所能援助学生的，只此一事。这是我近来的个人的信念。